Die Orgel im Saal der Brüdergemeine Ebersdorf

von

Heinz-Dieter Fiedler

Herstellung und Verlag: BoD – Books on Demand, Norderstedt.
ISBN 9783741271977

Inhalt:

1. Einführung

Die "Herrnhuter Colonie", eine Siedlung der Herrnhuter Brüdergemeine in Ebersdorf, ist ein Kleinod in der Kulturlandschaft Thüringens. Sie ist neben Neudietendorf die einzige Ortsgemeine der Herrnhuter in Thüringen. Diese Siedlung hat eine 270jährige interessante Geschichte und beherbergt auch heute noch eine aktive Herrnhuter Gemeinde mit ca. 100 Mitgliedern.
Die Brüdergemeine entstand 1727 als eigenständige Kirche im Ort Herrnhut in der Lausitz unter der Leitung des Grafen Nikolaus Ludwig von Zinzendorf. Den Kern dieser Gemeinschaft bildeten mährische Glaubensflüchtlinge, denen der Graf auf seinem Landbesitz Zuflucht gewährt hatte. Von Herrnhut aus breitete sich diese Kirche rasch über Deutschland und später auch weltweit aus.
Die Brüdergemein-Siedlung Ebersdorf besteht seit 1746. Das historische Gebäudeensemble ist weitestgehend erhalten und steht heute unter Denkmalschutz. Der "Platz" bildet das Zentrum der Colonie - heute heißt er Zinzendorfplatz. Um diesen Platz herum sind die wichtigsten Gebäude angeordnet: das Gemeinhaus und die sogenannten Chorhäuser der ledigen Brüder, der ledigen Schwestern und der Witwen. Diese Bezeichnungen gehen auf die frühere Nutzung zurück, als die genannten Gruppen von Gemeindemitgliedern ein "Chor" bildeten und jeweils in einem eigenen Haus lebten und arbeiteten. "Bruder" und "Schwester" war und ist die übliche Anrede der Gemeindeglieder untereinander. Die Bezeichnung "Gemeine" (ohne "d") geht auf die zu Gründungszeiten gebräuchliche Schreibweise zurück.

Es gibt zahlreiche Veröffentlichungen über die "Herrnhuter", ihre Geschichte, ihre besonderen Formen des Zusammenlebens und ihre Missionstätigkeit. Und auch über die Brüdergemeine Ebersdorf sind mehrere Bücher und viele weitere Publikationen erschienen, u.a. über die historischen Gebäude und den seit 1740 bestehenden Gottesacker. Die umfassendsten Beiträge zur

frühen Geschichte der Ebersdorfer Gemeine stammen von Hans-Walter Erbe[1] (1928) und Frieder Vollprecht[2] (1996).
Ein spezieller Aspekt der "Herrnhuter Colonie" in Ebersdorf allerdings scheint bisher wenig oder gar nicht erforscht zu sein, nämlich die Geschichte der Orgel dieser Gemeine. Das ist einerseits verwunderlich, weil es erfreulich viel Material darüber gibt. Im Archiv der Brüdergemeine Ebersdorf sind zahlreiche Hinweise auf die Orgel, auch und besonders aus früheren Jahrhunderten, zu finden. Andererseits ist es auch verständlich, weil eine gründliche Beschäftigung mit der Orgelgeschichte recht zeitaufwendige Recherchen erfordert. Denn die benötigten Informationen sind nicht immer leicht zu finden, da sie an den unterschiedlichsten Stellen archiviert sind. Nur ein kleiner Teil ist in einem schmalen Ordner speziell zur Orgel[3] zusammengefasst. Dieser enthält vor allem Schriftwechsel, Rechnungen und Verträge mit den Orgelbauern. Um weitere Hinweise zu finden, muss man wesentlich mehr Zeit aufwenden und vielleicht auch ein bisschen Glück haben. Eine gute Quelle ist die Chronik der Gemeine[4] (234 Seiten, handschriftlich, von 1796). Erfolgversprechend ist auch eine Suche in den Protokollbüchern. Die leitenden Gremien der Gemeine, deren Bezeichnung im Laufe der Jahre wechselte (Helferkonferenz, Amtskonferenz, Jüngerkonferenz, später Ältestenkonferenz, noch später Ältestenrat), haben sich regelmäßig beraten und alles Besprochene sorgfältig aufgeschrieben. Die meisten der Protokollbücher seit 1747 sind noch vorhanden. Ebenso kann man in den Diarien, den täglichen Aufzeichnungen aus dem Leben der Gemeine, fündig werden. Sie sind in früheren Zeiten, seit 1746, sehr gewissenhaft geführt worden. Ab etwa 1900 wurden die Eintragungen spärlicher und vor ca. 50 Jahren wurde diese Tradition ganz aufgegeben. Im Schwesternhaus und im Brüderhaus wurden bis etwa 1900 eigene Diarien geführt. Die Suche in den Protokollbüchern und Diarien ist recht aufwendig. Die Protokollbücher sind

---

[1] Hans Walter Erbe: Zinzendorf und der fromme hohe Adel seiner Zeit. - Leipzig : Eger & Sievers, 1928

[2] Frieder Vollprecht: Von der Schloßekklesiola zur Ortsgemeine (Ebersdorf). In: Unitas Fratrum 39 (1996) , S.7-51

[3] Signatur im Archiv der Brüdergemeine Ebersdorf: V.A.R.13.B

[4] Johann Friedrich Nitschke: Materialien gesammelt und geordnet zu einer kurzgefaßten Geschichte des Anfangs und Fortgangs der Evangelischen Brüder Gemeine zu Ebersdorf, handschriftlich, 1796 -

nur zum Teil mit einem Register versehen, die Diarien gar nicht. Deshalb kann es bei einem Recherchegegenstand wie der Orgel, der sich zeitlich nicht begrenzen lässt, durchaus erforderlich sein, einige dieser meist dicken handschriftlichen Bände komplett durchzuarbeiten. Ideal wäre, wenn man das für den gesamten Bestand tun könnte.[5] Denn jeder, der in irgendeiner Weise mit Gemeindeleitung befasst ist, wird wissen, dass die Geschichte einer Gemeinde immer begleitet ist von Problemen mit der Orgel. Dringende, meist kostspielige Reparaturen oder Neuanschaffungen und die erforderliche Finanzierung beschäftigen regelmäßig die Gemeindekirchenräte. Das war und ist auch in der Brüdergemeine Ebersdorf nicht anders. Nützliche Informationen lassen sich auch in den Jahresberichten finden, die bis in die Gegenwart verfasst werden. Wichtige Hinweise können sich aber auch an ganz anderen Stellen des Archivs verbergen, z.B. in einem der ca. 1300 archivierten Lebensläufe. Dort werden sie aber meistens nur zufällig gefunden.
Deshalb kann natürlich kein Anspruch darauf erhoben werden, dass die in diesem Heft zusammengestellten Informationen vollständig sind. Aber vielleicht bilden sie eine Basis, die nach und nach durch weitere Archivfunde ergänzt wird. Deshalb sind hier gelegentlich auch Quellen zitiert, die zunächst unwichtig erscheinen, aber im Zusammenhang mit weiteren Archivfunden doch von Bedeutung sein können.
Denn obwohl das Archiv der Ebersdorfer Brüdergemeine viel über die Orgel preisgibt, bleiben noch einige Fragen unbeantwortet bzw. können auch in diesem Heft nicht endgültig geklärt werden.

Die Orgel steht im Versammlungssaal der Gemeine, der auch als Kirchensaal bezeichnet wird. Dieser Saal befindet sich im 1. Stock des Gemeinhauses und wird bis heute von der Gemeine für ihre religiösen, aber auch für weltliche Versammlungen genutzt. Das Gemeinhaus ist das zentrale Gebäude der Siedlung und wurde 1746 erbaut. Dem Wesen der Brüdergemeine entsprechend ist der Saal schlicht, schmucklos und ganz in Weiß gehalten. Mit ihren Vergoldungen und Verzierungen passt die Orgel nicht ganz in dieses

[5] In Ebersdorf sind das etwa 4,50 laufende Meter Archivmaterial, wenn man sich auf die Protokollbücher und die Diarien der Gemeine, der ledigen Brüder und der ledigen Schwestern beschränkt.

Schema und bildet einen markanten Blickpunkt im Saal. Die Orgel steht in einer geräumigen Ausbuchtung des ansonsten rechteckigen Saals, dem Liturgustisch gegenüber.

So gut die Geschichte der Brüdergemeine sonst erforscht ist, über diese Orgel finden sich in den Veröffentlichungen nur spärliche Informationen, die zudem noch teilweise unzutreffend sind.
In den beiden schon genannten Publikationen von Erbe und Vollprecht, die andere Schwerpunkte haben, ist die Orgel überhaupt nicht (Erbe) bzw. nur am Rande erwähnt (Vollprecht).
In einer Veröffentlichung von W. Burckhardt heißt es über die Einweihung des Saal 1746 und die Orgel: "Die eigentliche Einweihung erfolgte aber durch die Predigt am 16. Oktober, die Br. Gottfried Clemens, der Hofprediger, hielt. (Die Orgel war aus dem Kirchensaal des Schlosses hergebracht worden.)" [6]
Im Buch "Orgeln in Süd- und Ostthüringen"[7] ist die Orgel wie folgt erfasst: Ebersdorf, Gemeindesaal Brüdergemeine, II/28, 1901 E.F. Walcker & Cie. (Ludwigsburg) in barockem Gehäuse, pneumat.; 1992 Hartmut Schüßler (Greiz) Rep. u. Umdisp. (E, K, L, OB).[8]
Auf der Webseite der Reußischen Fürstenstraße findet man die Formulierung: "1746 wird der Kirchensaal eingeweiht. Die Kirche ist sehr schlicht und trägt den Charakter einer Brüdergemeine. Die Orgel stammt aus der Kapelle des Ebersdorfer Schlosses."[9]
Im "Brüderbote", einer Monatsschrift der Brüdergemeine heißt es: "Der Kirchensaal konnte am 16. Oktober 1746 eingeweiht werden. Heinrich XXIX. schenkte der Gemeine die Orgel aus dem Kirchensaal des Schlosses. Der Prospekt ist heute noch in der alten Form erhalten." [10]

---

[6] Werner Burckhardt: Aus der Geschichte der Brüdergemeine Ebersdorf, 1939, S. 19
[7] Hartmut Haupt: *Orgeln in Ost- und Südthüringen*. Verlag Ausbildung und Wissen, Bad Homburg/ Leipzig 1995
[8] Die Abkürzungen bedeuten: II/28 - 2 Manuale, 28 Register. E, K, L, OB geben die verwendeten Quellen an: Eintragungen an der Orgel, Aussagen des Kantors, Meldebogen von 1944 beim Landeskirchenamt, Auskünfte der Orgelbauer
[9] www.reussischefuerstenstrasse.de
[10] Klaus Biedermann: Der Beginn der Brüdergemeine Ebersdorf, in: Der Brüderbote, Oktober 1980

Etwas ausführlicher wird die Orgel in einem Buch über den Kirchenkreis Schleiz beschrieben: "In einem gewissen Gegensatz zum bisher Gesagten steht die Orgel mit ihrem festlichen Prospekt (die Schauseite der Orgel). Obwohl auch weiß gehalten, ist sie doch mit barocker Schnitzerei geschmückt. Sie stammt ursprünglich aus der Schlosskapelle Ebersdorf und ist ein Geschenk der Familie Reuß. Das um 1700 gebaute Instrument erhielt 1935 ein neues Werk durch die bekannte Orgelbaufirma Walcker." [11]
Teilweise im Gegensatz zu den zitierten Veröffentlichungen berechtigen die im Archiv der Ebersdorfer Brüdergemeine archivierten Dokumente zu folgender Aussage:
Die jetzige Orgel im Saal der Brüdergemeine stammt nicht aus dem Ebersdorfer Schloss und ist kein Geschenk des Grafen Heinrich XXIX. oder eines anderen Mitgliedes der Familie Reuß.
Die Geschichte der Orgel lässt sich wie folgt kurz zusammenfassen:

- bei der Einweihung des Saals im Jahr 1746 war keine Orgel vorhanden,
- Die erste Orgel wurde erst 1756 im Saal eingebaut und schon 1760 wieder ausgebaut und verkauft. Diese Orgel stammte mit hoher Wahrscheinlichkeit aus dem Ebersdorfer Schloss.
- 1761 wurde durch Johann Stephan Schmaltz eine neue Orgel eingebaut.
- 1774 nahm Georg Ernst Wiegleb größere Reparaturen und Erweiterungen vor.
- 1790 wurde die Orgel durch Johann Gottlob Trampeli in den neu errichteten Orgel-Anbau des Saales umgesetzt und dabei instandgesetzt.
- 1877 baute Adam Eifert eine neue Orgel ein, für die er einige wenige Teile der Vorgängerorgel verwendete.
- Diese Eifert-Orgel wurde 1932 durch die Orgelbaufirma Walcker repariert, erweitert und modernisiert.
- 1991 erfolgte eine gründliche Instandsetzung der Orgel durch Orgelbauer Hartmut Schüßler.

[11] Peter Weiss: Häuser am Weg, Die Kirchen im Kirchenkreis Schleiz, Teil I - Oberland, S. 23

Die jetzt im Saal befindliche Orgel dürfte demnach ein Alter von etwa 140 Jahren haben, wobei einige Teile noch jüngeren Datums sind. Der Orgelprospekt jedoch ist wesentlich älter und stammt mit sehr hoher Wahrscheinlichkeit von der alten, aus dem Reußischen Schloss Ebersdorf stammenden Orgel. Diese ist 1738 erstmals erwähnt. Sicher ist, dass bei allen Arbeiten nach 1761 der Prospekt jeweils weiter verwendet wurde. Für die Schmaltz-Orgel 1761 lässt sich zwar kein Beleg finden, dass der Prospekt von der alten Orgel (der aus dem Schloss stammenden) übernommen wurde. Die 1761 ausgeführten, gut dokumentierten Arbeiten geben aber auch keinen Hinweis, dass bei diesem Orgelbau ein neuer Prospekt gefertigt wurde.

Zum Thema Orgel der Ebersdorfer Brüdergemeine haben sich im Archiv so zahlreiche Quellen gefunden, dass die Informationen, mit denen ursprünglich ein Faltbatt gestaltet werden sollte, nun eine Broschüre füllen. Ich bedanke mich für die fachliche Unterstützung, die ich von verschiedenen Seiten erhalten habe, ganz besonders bei Herrn Prof. Dr. Klaus-Jürgen Sachs und Frau Eva-Marie Sachs.

2. Die Orgel in der Gründungsphase der Gemeine

Das Gemeinhaus mit dem Saal wurde am 16. Oktober 1746 eingeweiht. Dieser Tag gilt als Gründungsdatum der Ebersdorfer Gemeine. Allerdings war die Gemeine damals schon mehr als 400 Mitglieder stark. Wenn wir uns mit der Geschichte der Orgel befassen wollen, müssen wir also noch einige Jahre zurückgehen und uns die Entstehung der Ebersdorfer Brüdergemeine ansehen.

Durch Landesteilung war 1678 die Grafschaft Ebersdorf der jüngeren Linie Reuß entstanden. Graf Heinrich 10. Reuß-Ebersdorf war damals noch sehr jung. Er nahm zunächst an einigen Kriegszügen teil und ließ dann von 1690 bis 1693 das Schloss Ebersdorf erbauen. Vom heute vorhandenen Gebäudekomplex entstand zunächst nur das dreigeschossige Haupthaus. Heinrich 10. Reuß heiratete 1694 und bezog mit seiner Gattin Erdmuthe Benigna zu Solms-Laubach das Schloss. Die Gräfin war eine fromme Frau und hing, von nun an gemeinsam mit ihrem Gatten, einer speziellen Glaubensrichtung an, dem Pietismus. In Ebersdorf gab es eine Lutherische Kirche, die vom Friesauer Pfarrer bedient wurde. Das war nicht nach dem Geschmack der gräflichen Familie, die deshalb im Schloss eine eigene pietistisch geprägte Gemeinschaft bildete und auch eigene Gottesdienste hielt. Anfangs mit gelegentlichen Gastpredigern, später mit einem eigenen Hofprediger. Dieser pietistischen Schlossgemeinde gehörten die gräfliche Familie und die Beamten und Bediensteten des Schlosses an. Der Sohn dieser ersten Ebersdorfer Regenten, Heinrich 29., wurde ebenfalls im streng pietistischen Sinne erzogen. Er lernte auf einer Studienreise den eingangs erwähnten späteren Gründer der Herrnhuter Brüdergemeine Nikolaus Ludwig Graf von Zinzendorf kennen und schloss Freundschaft mit ihm. 1720 übernahm Heinrich 29. die Regierung, 1721 heiratete er Theodora von Castell. Ein Jahr später vermählte sich Zinzendorf im Ebersdorfer Schloss mit Heinrichs Schwester Erdmute Dorothea Reuß. 1730 besuchte Heinrich 29. gemeinsam mit seiner Frau die Einrichtungen in Herrnhut. Er fand Gefallen daran und wünschte sich etwas ähnliches für Ebersdorf. Und so nahmen sie gleich zwei mährische Frauen (bei den Herrnhutern schon damals als "Schwestern" bezeichnet) von Herrnhut als Bedienstete (Kindermädchen und Küchenhilfe) mit ins Ebersdorfer Schloss. Bald folgten weitere Herrnhuter

Brüder und Schwestern und es entstand eine kleine Gemeinde nach Herrnhuter Vorbild. 1734 stellte Heinrich 29. den schwäbischen Pfarrer Christoph Steinhofer als Hofkaplan an, der sich besonders um diese Brüder und Schwestern kümmern sollte. Unter Steinhofers Leitung wuchs die Gemeine rasch. Nicht nur aus Herrnhut, sondern auch aus anderen Gegenden Deutschlands kamen neue Mitglieder. Der geistige Mittelpunkt blieb zunächst das Schloss, wo viele der Zugereisten Arbeit und Unterkunft fanden und wo man auch die Versammlungen abhielt. Der Landesherr Heinrich 29. und seine Familie waren ebenfalls Mitglieder dieser Gemeinschaft. Daneben bestand jedoch noch einige Jahre weiterhin die pietistische Schlossgemeinde. Als jedoch der das Herrnhutertum ablehnende Hofprediger Winckler im September 1734 Ebersdorf verließ und kein neuer Hofprediger berufen wurde, ging die Hofgemeinde nach und nach in der Herrnhuter Gemeine auf.
Aus der Chronik der Ebersdorfer Brüdergemeine für das Jahr 1735 erfährt man, dass Steinhofer den Brüdern und Schwestern besondere Erbauungsstunden hielt, darunter "auch Abends Singstunden, wie in Herrnhut, die in einem großen Tafel-Zimmer des Schloßes gehalten wurden, das deswegen der Sing Saal genannt ward, in welchem man sich auch des damaligen Herrnhutischen Gesangbuchs bediente." [12]
An dieser Stelle erscheint eine Klärung bezüglich der im Schloss vorhandenen Räumlichkeiten und deren Benennung erforderlich. In den Veröffentlichungen werden unterschiedliche Bezeichnungen verwendet wie: Schlosskirche, Schloss-Kapelle, Kirchensaal, Kirchsaal, Sing-Saal, Tafel-Zimmer, Speise-Zimmer, Festsaal. Das führt zu einiger Verwirrung. Es ist zum Beispiel von einer Orgel im Sing-Saal die Rede und an anderer Stelle wird eine Orgel im Kirchensaal erwähnt. Aus Nitschkes Chronik könnte man schließen, dass die Brüder und Schwestern für ihre Versammlungen einen eigenen Raum nutzten, nämlich den Sing Saal, und die Schlossgemeinde ihre Gottesdienste im Kirchensaal hielt. So schreibt Nitschke: „Die Communion der Brüder und Schwestern im Sing Saale im Schloß wurde abwechseln zwischen den 4 mal im Jahre bey der Hofgemeine eingeführten Communionen gehalten... Es gingen aber die sämtlichen Brüder und Schwestern den 8.

---

[12] Nitschke, s. Fußnote 4

Februar (1739) zum erstenmal auch mit der Hofgemeine zugleich zum Abendmahl. Dieses wurde im Kirchensaale oder Schloß-Capelle gehalten." Nitschke schrieb seine Chronik 1796, etwa 60 Jahre nach diesen Ereignissen. Er kannte also die Örtlichkeiten nicht aus eigener Anschauung und ging vermutlich selbst von verschiedenen Räumlichkeiten aus. Diesem Irrtum sind später weitere Autoren (Burgkhardt, Weber, Vollprecht) erlegen, die sich auf Nitschkes Chronik stützten.

Tatsächlich hat es sich bei den „Kirchensaal", „Singe-Saal", „Tafel-Zimmer" oder ähnlich genannten Örtlichkeiten immer um ein und denselben Raum gehandelt, nämlich den ursprünglichen Festsaal des Schlosses.

Dieser größte und repräsentativste Raum liegt im 2. Obergeschoss im ältesten, 1790 bis 1793 erbauten Teil des Schlosses. Er ist dort der einzige Raum, der sich über zwei Etagen bis ins 3. Obergeschoss erstreckt. Dass dieser Raum ursprünglich als Festsaal gedacht war, erkennt man deutlich an der heute noch gut erhaltenen Stuck-Decke dieses Saals. Sie ist reich mit kriegerischen Symbolen geschmückt, die wenig in eine Kirche passen wollen. Als Heinrich 10. das Schloss bauen ließ, wusste er noch nichts von seiner zukünftigen pietistischen Gattin, und dachte daher eher an einen Fest- als an einen Kirchensaal. Später gab es an dem pietistisch geprägten Hof allerdings wenig Verwendung für einen Festsaal. Weltliche Feste mit Gesellschaft, Spiel und Tanz waren verpönt. Die gelegentliche Nutzung als Speisezimmer führte dann wohl zur Bezeichnung „Tafel-Zimmer". Aber wegen der im Pietismus begründeten Ablehnung jeglicher Völlerei und der knappen Kassen wurde in Ebersdorf wohl eher bescheiden getafelt. So wurde der Festsaal hauptsächlich für religiöse Zwecke genutzt. Sowohl für die Gottesdienste der Schlossgemeinde, die deshalb vom „Kirchensaal" sprach, als auch für die Versammlungen der neuen Herrnhuter Gemeine, die lieber die Bezeichnung „Sing-Saal"[13] benutzte. Völlig eindeutig dargelegt ist das in der Dissertation von Anja Löffler, die vermutlich andere Quellen als Nitschke nutzen konnte. Sie beschreibt den Festsaal und seine unterschiedliche Nutzung wie folgt: "Die Dachkonstruktion (des Haupthauses).... weist auf eine Entstehungszeit im späten 17. Jahrhundert; ebenso die Stuckdecke des großen Festsaals im

[13] In der Brüdergemeine wurde der Begriff „Kirche" erst in späteren Zeiten gebräuchlich. Ursprünglich ging man „auf den Saal" zu den „Versammlungen".

zweiten Obergeschoß, der als Hauskapelle (auch Kirchsaal) anstelle einer Schloßkapelle genutzt wurde. Später wurde er zum Ahnensaal und zur Bibliothek umgewidmet." [14] Robert Hänsel spricht 1934 in einer Beschreibung des Ebersdorfer Schlosses ebenfalls von einem Kirchsaal, der als Gemälde-Galerie genutzt wird.[15]

Bild 1: Decke im Festsaal des Schlosses (Detail)

Nach dieser notwendigen Begriffs-Klärung wollen wir jetzt in der Geschichte der jungen Brüdergemeine fortfahren.
Auch 1736 hielten die Brüder und Schwestern verschiedene eigene Versammlungen, u.a. „am Sonntag vormittag die sog. Frühstunde, an mehreren Tagen nachmittags eine Betstunde und täglich abends die Singstunde. Alle diese Versammlungen waren in dem Sing Saale des Schloßes." [9]

[14] vergl.: Löffler, A.: Reußische Residenzen in Thüringen, Bauhaus-Universität Weimar, Diss. 2000
[15] R. Hänsel: Schloß Ebersdorf, Kurzer Überblick über seine Geschichte

Unter Leitung des Hofkaplans Steinhofer vergrößerte sich die Herrnhuter Gemeine von Jahr zu Jahr. Aus dem Jahr 1738 berichtet die Chronik: "Weil die Anzahl der Brüder und Schwestern sich nun mehrete, auch besonders in den Feyertagen gewöhnlich viele Freunde und Bekannte aus andern Orten, die zum Besuch kamen, die Versammlungen besuchten, daher es denn in dem sogenannten Singe-Saal im Schloße, - der nun schon mit einer Orgel versehen und des Lehrers Sitz etwas erhöhet worden war – an Raum fehlte, so wurde in einer der Wände eine Thür in das daran stoßende Zimmer durchgebrochen, damit auch dieses mit Zuhörern besetzt werden konnte." [16] - Hier wird also erstmals im Zusammenhang mit der Brüdergemeine eine Orgel erwähnt. Der Kirchsaal (Singesaal) hat, da er über zwei Etagen geht, zwar eine Höhe von etwa 6 Metern, aber nur eine bescheidene Grundfläche von 6 x 11 Metern. Dazu zwei kleine Emporen an den Stirnseiten von 6 x 1,2 Metern. Es ist zu vermuten, dass man unter diesen beengten Platzverhältnissen eine eher kleine Orgel, zumindest eine mit kleiner Stellfläche installiert hat.
Mit dem weiteren Wachstum der Herrnhuter-Gemeine verlagerte sich deren geistiges Zentrum mehr und mehr in die Waisenhaus-Anstalt (sie befand sich an der Stelle, an der heute das Große Brüderhaus mit dem Comeniuszentrum steht) und damit in den oberen Ortsteil. 1745 erteilte der Landesherr dieser "Anstalts-Gemeine" die kirchliche und politische Selbständigkeit. Auch aus dieser Konzession ist ersichtlich, dass die Brüdergemeine bis dahin den Kirchsaal im Schloss nutzte.[17] Die Konzession regelte auch, dass die Brüdergemeine den oberen Ortsteil als Bauland zur Verfügung gestellt

---

[16] Nitschke, s. Fußnote 4.
Über die Bauphase nach 1733 schreibt Löffler: "Im Inneren des Kernbaus kam es zu einigen Veränderungen, so zum Einbau einer Orgel im Festsaal, der nun als "Singsaal" bzw. Kirchsaal und Versammlungsraum der Brüdergemeine diente."

[17] In der Konzession bestätigt der Graf, dass er sich "hertzlich gefreuet und dabei in Gnade geschehen laßen, daß alle zu obigen Anstalten gehörige Personen sich zu dem öffentlichen Gottes-Dienst und Gebrauch derer heiligen Sacramente bey Unserer Hof-Gemeinde gehalten. Nachher aber die Anzahl derselben dergestalt angewachsen, daß weder der zum öffentlichen Gottes-Dienst bey Unserm Hof bestimmte Platz mehr hinreichte noch verschiedener andrer Ursachen und besorglicher Unbequemlichkeiten halber es fernerhin (nicht) thunlich und rathsam seyn will, vorher gedachte Anstalten länger bey Unserer Hof-Gemeine zu laßen."

bekam. Dort begann jetzt eine rege Bautätigkeit. Unter anderem legte man 1745 den Grundstein für das Gemeinhaus. In den alten Akten wird dieses Haus, obwohl es ein selbständiges freistehendes Gebäude ist, als Flügel des Waisenhauses bezeichnet. Am 16. Oktober 1746 hielt man dort die Einweihungspredigt. In der Chronik heißt es dazu u.a.:
"Nachdem die Gemeine am 10. zum letztenmal im Sing-Saale des Schloßes, das Heilige Abendmahl gehabt, so versammelte sich dieselbe am 15. zum erstenmal Abends um 8 Uhr auf dem neuen Saal, und die erste Versammlung auf demselben war eine Singstunde. Sonntag den 16. darauf hielt Br. Clemens Vormittags die Einweihungs-Predigt über Psalm 80, V.2." [9]
Die Frage, die wir nun als erstes zu beantworten versuchen wollen, ist diese: Gab es bei der Einweihung eine Orgel im Saal, und wenn ja, stammte diese aus dem Schloss?
In der Chronik (Nitschke) ist von einer Orgel im gesamten, die Einweihung betreffenden Text nicht die Rede. Es ist auch undenkbar, eine Orgel von der Größe der jetzigen mal eben vom Schloss herüber geschafft zu haben. Abbau und fachgerechter Aufbau einer solchen Orgel dauern Wochen.
Auch in den Protokollen der leitenden Gremien aus der Zeit um die Einweihung herum steht nichts über eine Orgel. Es gab damals viele Leitungssitzungen [18], denn die Ebersdorfer Gemeine befand sich in einer Umbruchphase, in der viele Dinge neu eingerichtet werden mussten. Die Protokolle von den Besprechungen sind zumindest zum Teil im Archiv aufbewahrt. In einem Protokoll ist 4 Tage vor der Einweihung des Saals festgelegt, dass zukünftig zwei Singstunden parallel stattfinden sollen: eine im Schloss und eine im neuen Saal. [19]
Aus diesem Satz geht eindeutig hervor, dass mit dem Umzug ins Gemeinhaus die Aktivitäten im Schloss nicht schlagartig und völlig eingestellt wurden. Das wird durch weitere Protokoll-Notizen erhärtet. Zum einen wird festgelegt, dass die Leitungssitzungen weiterhin im Schloss stattfinden - mit

[18] Es gab gleichzeitig mehrere Leitungsgremien, die auch häufig und regelmäßig tagten. Aus dem Jahr 1747 wissen wir, dass es die Helferkonferenz (sie tagte wöchentlich am Montag und Freitag), die Dienerkonferenz (Dienstag), die Amtskonferenz (Mittwoch) und die Ältestenkonferenz (Donnerstag) gab.
[19] "Die Singstunde werden zertheilt und zu gleicher Zeit eine im Schloß und eine im Flügel gehalten... Die Sonntags-Singstunde soll zusammen im Gemein-Hauß gehalten werden." (Helfer-Conferenz am 12.Okt.1746)

Rücksicht auf die dort wohnenden Brüder und Schwestern. [20] Zum anderen werden sowohl für das Schloss, als auch für den Saal jeweils zwei für die Musik zuständige Brüder bestimmt, [21] ebenso für den Saaldienst.
Damit dürfte eindeutig bewiesen sein, dass die Räume im Schloss (hauptsächlich der erwähnte "Singesaal", also der Kirchsaal) weiterhin durch die Brüdergemeine genutzt wurden und die dort befindliche Orgel auch weiterhin dort gebraucht wurde. Einige Wochen später wurde sogar verfügt, dass die Singstunden künftig nur im Schloss gehalten werden sollten. [22]
Unter diesen Umständen ist es unwahrscheinlich, dass der Standort der Orgel verändert wurde. Wenn ja, hätte man ein Ereignis diesen Ranges gewiss im Protokoll vermerkt. Ein vergleichsweise unbedeutender Vorgang ist jedenfalls protokolliert worden, nämlich, dass die Herrschaft der Gemeine den bisher genutzten Abendmahls-Kelch weiterhin leiht. [23]
Aus den nachfolgenden Ausführungen geht überdies eindeutig hervor, dass im neuen Saal im Gemeinhaus in der Anfangszeit keine Orgel vorhanden war. Lediglich von einem Klavier auf dem Saal ist die Rede.[24]

---

[20] "Die Conferenzen sollen wie bißher im Schloss bleiben, damit es denen Geschwistern im Schloß und die da ferner wohnen nicht gar zu beschwerl. falle, da sie so alle Tage in den Flügel zur Gemeinstunde gehen müßen." (Helfer-Conferenz am 14.Okt.1746)

[21] "Die Musici ordinarii draußen im Flügel sind Heck und Langner. Hier im Schloß 26ten Herr u.d. Geraische Musicus, welcher vorerst ins Brüderhaus logirt wird."(Helfer-Conferenz am 14. Okt. 1746)

[22] "Im Schloß sollen in Künftigen die ordentliche Singstunde hir dagegen aber eine Haus-Stunde oder Abend-Segen gehalten werden." (Helfer-Conferenz am 17. Dez. 1746)

[23] "9. Nov.: wird von einem neuen (Abendmahls-)Kelch geredet. Jedoch lehnt (leiht) uns die gnäd. Herrschaft den bißher dafür gebrauchten, biß wir etwa einmal einen anderen bekommen." (Helfer-Conferenz am 9. November 1746)

[24] "Der Orgelmacher Friderici von Gehra läßt die Zahlung des Forte Piano auf unserm Saal erinnern." (Amts-Conferenz am 22. März 1747)

3. Ein nicht zustande gekommener Orgelkauf 1747

Aus den Protokollen geht hervor, dass die Brüdergemeine dem Geraer Orgelbauer Friderici[25] einen Auftrag für eine Orgel im Saal erteilt hatte, dann aber diesen Kauf rückgängig gemacht hat. Wann der Auftrag erteilt wurde, ist nicht ersichtlich. Vielleicht war es schon vor der Einweihung des Saals. Damals war es üblich, dass die Orgelbauer im kalten Winter in ihrer Werkstatt die Orgel so weit als möglich bauten und diese dann in der wärmeren Jahreszeit an Ort und Stelle aufsetzten. Ein wichtiger Berater und Vermittler in Orgel-Angelegenheiten war für die Brüdergemeine der Organist Gehra[26] aus Gera, ein Mitglied oder Freund der Gemeine. Im April 1747 teilte der Orgelbauer Friederici der Brüdergemeine mit, dass er im Mai nach Ebersdorf kommen und die Orgel aufsetzen will.[27] Die Gemeine wollte wohl schon zu diesem Zeitpunkt von der Orgel Abstand nehmen, denn sie verzögerte das Vorhaben. Im August 1747 teilte Friderici mit, dass er Teile der Orgel nun nach Ebersdorf transportieren will. [28] Daraufhin wurde die Brüdergemeine deutlicher und lehnte die Orgel ab, weil sie "unschicklich für den Saal" sei und weil die Gemeine Trauer habe.[29] Friderici verlangte Ende August nunmehr die Abholung der Orgel und eine Zahlung in Höhe von 150 Talern. Wenige Tage

---

25 Friederici, Christian Ernst (1709-1780), bedeutender Orgelbauer, Silbermannschüler, baute den ersten aufrechtstehenden Hammerflügel (Pyramiden-Flügel)

26 Gehra (auch: Gera), Johann Heinrich (1716-1785), Gräfl. Reuß. Kammermusicus und Organist an der Hauptkirche zu Gera, Kirchenmusikkomponist

27 "Der Orgelmacher Friderici aus Gehra wolle mit Anfang des Maji hieher kommen die Orgel auf unsern Saal aufzusezen und ohngefähr ein paar Monath drüber zu bringen binnen der Zeit ihm freye Kost und Logis muß gegeben werden, welches unser lieber XXIXten in ihrem Schloße besorgen zu laßen das Versprechen gethan haben." (Amts-Conferenz am 12. April 1747)

28 "Der Orgelbauer aus Gera schreibt und bittet um einen Wagen um eins weilen einen Theil der Orgel hieher transportiren zu laßen; wir haben itzo Trauer und es scheint, als wenn der Orgelbauer auch nicht sehr mit Verfertigung derselben eile und darum suchts der Br. Weinel noch zu trainirn so gut er kann." (Helfer-Conferenz am 4. August 1747)

29 "Unser Br. Rentz soll als Syndicus dem Orgelbauer Friderici in Gehra schreiben, weil Heck der ordre des Br. Nitschmann nicht nachgelebet hat, daß wir uns bey itziger Trauer-Zeit nicht mit einer Orgel einlaßen können, und wenn er die ohnediß vor unsern Saal ganz unschickliche Orgel bey dessen Bestellung Heck mehr auf seine M clination als aufn Gemein Plan reflectirt hat, anderswo anbringen könnte

später löste sich die schwierige Situation jedoch in Wohlgefallen auf, weil Friderici die Orgel nach Ronneburg verkaufen konnte.[30]
Im Jahr 1747 hat Bruder Weinel, damals eine Art Ortsvorsteher der Gemeine, einen ausführlichen Bericht (für den Grafen Zinzendorf) über den Zustand der Gemeine verfasst, in welchem der Orgel ein eigenes Kapitel gewidmet ist. Zum besseren Verständnis wird dieser Abschnitt hier vollständig wiedergegeben:

> Die Orgel
> Weil mans mit dem Gemeinhaus anfangs drauf antrug, darin auch einen öffentlichen Lutherischen Gottesdienst zu halten, wobei eine Orgel etwas geziemliches wäre und auch das Singen in der Gemeine überhaupt könnte besser in Ordnung gebracht werden, weil wir damals überhaupt sehr schlecht sangen, so wurde eine Orgel in Gera bei Friederi bestellt und dazu gute Register choisirt. Sie wurde durch einen Contract um Th. 627. 12 Gr. bedungen und dazu mussten Th. 300 im voraus bezahlt werden. Wenn sie wäre hergestellt worden, so würde sie uns wohl mit Fuhr Lohn und noch andern Auslagen auf Th. 800 und noch darüber gekommen sein. In Gera wurde die Orgel auch würcklich anno 1747 fertig. Man fand aber jetzt vor gut sie um folgende Ursachen nicht kommen zu lassen

1) weil noch so viel Geld darauf ginge und wir ohnedem dran großen Mangel hatten,
2) Weil sie zu groß für eine Gemeine sei.
3) Weil unser oberer liturgischer Saal[31] durch die Blaß Bälge, so hinauf gelegt werden müssten, wäre verdorben worden.

---

ohne einen allzu großen Einbuß für uns, so würden wir nicht viel gegen haben. (Amts-Conferenz 23. August 1747)

[30] "Aus Gera schreibt der Organist Gera, daß unsere Orgel von dem Friderici nach Ronneburg verkaufft worden, das war für uns ein glücklicher Zufall. Es muß nun an den Gera geschrieben werden, daß wir in diese Change keinen Einspruch thun werden, jedoch müssen wir unseren gethanen Vorschuss suchen zu halviren so gut es wir können. Br. Kornschreiber kans in Abwesenheit Br. Weinels und Lentzens thun, damit obgedachter Kauff fortgehe.
Notiz am Rand: Sie ist nun würcklich verkaufft und der Orgelbauer hat als ein billiger Mann versprochen, den gethanen Vorschuß darauf a 300 rth wieder zurück zu zahlen." (Jünger-Conferenz am 8. Okt. 1747)

[31] Der "obere liturgische Saal", auch "Kleiner Saal" oder "Sälgen" genannt, befand

Der Meister verkauft nun wohl die Orgel anderst wohin nach Ronneburg. Er will aber absolute, nach aller mit ihm gepflogenen Unterhandlung von unsern vorgeschossenen 300 Th. nicht mehr als Th. 200 wieder zurück geben, und zwar von Instrumenten, die er nach Holland auf Gemein Risigo senden will und Br. Heck verkaufen soll, oder 2 Clavire von 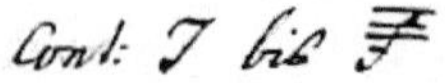 mit 4 Registern und Futteralen, vor die er bis nach Holland haften will, wir aber müssten die Fracht tragen. Wir haben auf Anraten des Organisten Gera das letztere gewählt, weil der Frideri vortreffliche Arbeit macht, die in Holland beliebt ~~sein wird und diese 2 Clavier wohl um 300 Th. würden können verkauft werden.~~ Weiter wars nicht zu bringen, außer wir hätten klagen müssen, und das war keine Sache vor uns, würde auch noch weniger heraus gekommen sein." [32]

Die in den Protokollen vom 4. August und 23. August 1747 erwähnte Trauer der Gemeine betraf den Landesherrn Heinrich 29., der am 2. Mai 1747 unerwartet während einer Synode auf dem Herrnhaag verstorben war. Mit dem Tod Heinrich 29., der ja ein wichtiger Förderer und auch Mitglied der Ebersdorfer Brüdergemeine war, änderte sich vieles für die Gemeine. Der neue Landesherr, Heinrich 24., war als der älteste Sohn Heinrich 29. ebenfalls im Geiste der Brüdergemeine erzogen worden. Dennoch war er mehr als sein Vater den weltlichen Dingen zugeneigt und pflegte eine größere Distanz zur Brüdergemeine. Heinrich 24. regelte das Verhältnis zwischen Herrschaft und Brüdergemeine durch eine neue Konzession. Darin brachte er viele Vergünstigungen, die Heinrich 29. der Gemeine aus brüderlicher Nächstenliebe gewährte, die aber nirgends schriftlich festgehalten waren, auf eine gesetzliche Grundlage. So wurde geregelt, wer von den im Schloss wohnenden Brüdern und Schwestern dort eigentlich ein Dienstverhältnis hatte. Diese durften bleiben, die anderen mussten das Schloss verlassen. Die Aktivitäten der Brüdergemeine im Schloss dürften damit endgültig beendet worden sein. Auch wurde die Lage und Größe der Besitzungen der Brüdergemeine exakt erfasst. Die an die Herrschaft zu leistenden Abgaben

---

sich im Stockwerk über dem Saal. Wie lange er genutzt wurde, ist nicht ermittelt. 1934 wird er noch erwähnt.

[32] Bericht Weinel von 1747, Durchstreichung im handschr. Original, s. Anlage 2

wurden ordnungsgemäß festgelegt. Heinrich 24. war weiter an einem guten Verhältnis zur Brüdergemeine interessiert, denn die wirtschaftlich aktive und erfolgreiche Gemeinschaft brachte ihm beträchtliche Einnahmen.

4. Schenkungsangebot: Eine Orgel aus dem Schloss

In die Zeit, als die Brüdergemeine damit befasst war, die Friederici-Orgel abzuwehren, fällt ein Angebot von Heinrich 24., den Brüdern "die im Kirchsaal des Schlosses stehende Orgel" zu schenken.[33]

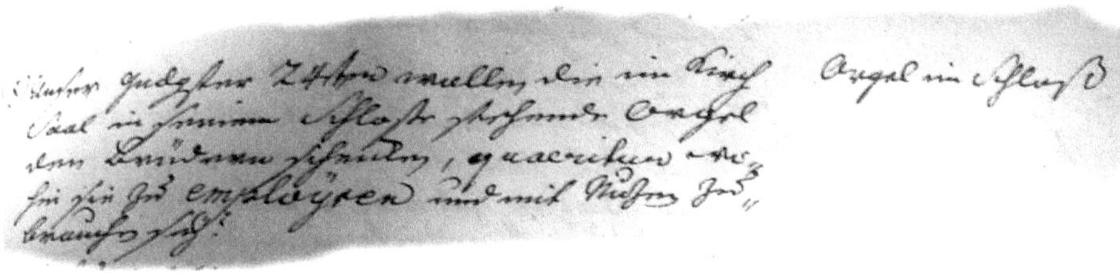

Bild 2: Protokoll-Notiz vom14.8.1747

Die Brüdergemeine hatte ihre Aktivitäten im Schloss eingestellt und Heinrich 24. wollte vermutlich den ehemaligen Singesaal wieder anderweitig nutzen. Für kirchliche Zwecke existierte ja die Dorfkirche. Also wurde die Orgel im Kirchsaal des Schlosses nicht mehr gebraucht und es war naheliegend, sie der Brüdergemeine zu schenken - die vielleicht sogar zu deren Finanzierung beigetragen hatte.

Leider ist im Protokoll nur dieses Schenkungsangebot vermerkt. Es gibt keinen Hinweis darauf, wie die Gemeine reagiert hat, ob sie die Schenkung angenommen oder abgelehnt hat. Aber warum sollte man ein solches Geschenk ablehnen und damit vielleicht den Landesherrn brüskieren? "Einer geschenkten Orgel schaut man nicht in die Gorgel."[34]

---

[33] "Unser gndgster 24ten wollen die im Kirch Saal in seinem Schloße stehende Orgel den Brüdern schencken, quaeritum wohin sie zu employren und mit Nutzen zu brauchen sey?" (Helfer-Conferenz am 14. August 1747)

[34] Dieser Ausspruch wird verschiedenen Musikern zugeschrieben, u.a. Richard Wagner, Anton Bruckner und dem Wiener Hofkapellmeister Josef Hellmesberger - natürlich jeweils in Bezug auf eine andere Orgel.

Sicher ist lediglich, dass auch in den nächsten Jahren keine Orgel im Saal aufgestellt wurde.
Auf musikalische Begleitung musste die Gemeine wohl trotzdem nicht verzichten. Es gab viele musikalische Gemeindeglieder und die unterschiedlichsten Instrumente standen zur Verfügung. (s. Kapitel 15: Andere Musikinstrumente in der Gemeine Ebersdorf)

5. "Unsere alte Orgel" 1756

Im Diarium der Gemeine aus dem Jahr 1753 finden wir folgenden Eintrag: "13.9.1753 kam der ... Orgelmacher Grave von Hof, um unsere alte Orgel auf dem Gemeinsaal aufzusetzen, weil sie aber sehr schlecht conditionirt, so ging er unverrichteter Sache wieder von hier weg."
Mit "unsere alte Orgel" kann eigentlich nur die Orgel aus dem ehemaligen Kirchsaal des Schlosses gemeint sein. Zu keiner anderen Orgel hatten die Brüder und Schwestern ein so inniges Verhältnis, als dass sie diese mit "unsere" bezeichnet hätten. Nach den sieben Jahren, die seit der Einweihung des neues Gemeinhauses vergangen waren, konnten sich bestimmt die meisten noch gut an die alte Orgel erinnern. Seit der Schenkung durch Heinrich 24. waren 6 Jahre vergangen, die die Orgelteile vermutlich in einem Abstellraum überdauert hatten. Aus dem Eintrag im Diarium kann man entnehmen, dass die Orgel in einem so schlechten Zustand war, dass es die momentanen Möglichkeiten des Orgelbauers überstieg - oder vielleicht auch die finanziellen Möglichkeiten der Brüdergemeine.
Damit ruhte das Vorhaben offensichtlich wieder für einige Jahre, bis man beschloss, durch Sammlung einer Kollekte die Nutzung der alten Orgel voranzutreiben. Dazu gibt es im Archiv der Brüdergemeine eine schmale Mappe: "Rechnung der Einnahmen und Ausgaben der Collection zur alten Orgel selbige zu reparieren und im Gemein Saal aufsetzen zu lassen. Von Ult. July 1756 bis zum 18. May 1757. Geführt von Johann Georg Wurfbein."[35]
Darin werden zunächst die von verschiedenen Personen gespendeten Geldbeträge aufgelistet. Es kam eine Summe von reichlich 180 Talern zusammen.

---

[35] siehe Anlage 1

Im weiteren werden die Ausgaben erfasst für verschiedenes Material, wie Leim, Kalk, Nägel, Stricke und Draht. Aber auch für Handwerker-Leistungen: Schlosser, Maurer, Tischler, Anstreicher und Drechsler. Ebenso wurde Botenlohn bezahlt. Die Schwestern erhielten 4 Taler 4 Groschen für das Scheuern des Saals und Sälgens. Dazu noch 8 Groschen 9 Pfennige "Vor Bier bezahlt vor die Schwestern beym Saalscheuern". Und schließlich sind auch die Ausgaben für Semmeln, Branntwein und Bier für den Orgelbauer aufgeführt.
Interessant ist auch, dass als größter Einzelposten 15 Taler "an den Orgelbauer Sorge von Lobenstein vor seine Arbeit bezahlt" wurden. Georg Andreas Sorge (1703 - 1778), ein namhafter Komponist, Organist und Musiktheoretiker, verbrachte die meiste Zeit seines Lebens (seit 1721) in Lobenstein. Er galt als Orgelexperte und hier sieht man, dass er sich auch ganz praktisch als Orgelbauer betätigte und sich damit einen Zusatzverdienst neben seinem Organisten-Gehalt verschaffte. Auch in späteren Jahren hat die Brüdergemeine immer wieder Aufträge an Sorge erteilt.[36] Den zweitgrößten Betrag bekam mit reichlich 12 Talern der Maurermeister Nicol. Schmidt. Sorge erhielt für die Orgelreparatur noch einen Ducaten extra, weil die Arbeiten zeitaufwendiger als ursprünglich gedacht waren.[37] Auch das dürfte ein Beleg für den schlechten Zustand der Orgel sein.

Vieles deutet darauf hin, dass die fertig aufgesetzte Orgel nicht den Erwartungen entsprach. Die eigentlichen Arbeiten wurden im Mai, Juni und Juli 1756 ausgeführt, jedoch waren mehrmals Nachbesserungen nötig. So steht im Protokoll vom 9. September 1756: "Die Orgel ist verstimmt, sie muß von Hr. Sorge aufs neue gestimmt werden."[38] und am 15. September 1757: "Die Orgel muß diesen Herbst gestimmt werden". Die Reparatur der Orgel

---

[36] z.B. " Unsre Flügel sind verstimmt, Br. Heintke wird deswegen mit dem Herrn Sorge in Lobenstein conferiren, um diese Instrumente in Ordnung zu bringen. (Amts-Conferenz am 6. September 1759)

[37] "Dem Hr. Sorge soll, wenn er fertig mit der Orgel ist noch 1 Ducaten zum Donneur gegeben werden, weil er länger als geglaubt damit zu thun gehabt hat, u. viel Fleiß dran gewandt hat. (Amts-Conferenz am 15. Juli 1756)

[38] Amtskonferenz am 9. Sept. 1756

kostete zusammen mit dem Weißen des Saal, das man bei dieser Gelegenheit mit erledigte, reichlich 120 Taler.[39]
Zur Finanzierung beschloss man eine Kollekte.[40] Am 27. Juli 1757 konnte das Protokoll melden: "Die Orgel ist gottlob bezahlt."[41]

Bild 3: Mögliches Aussehen der Orgel 1757. Vermutlicher Standort: Saalecke auf der Brüderseite

[39] "Die Rechnung wegen des Saal Weissens und der Orgel ist nun beysammen und beläuft sich auf 100 und etwa 20 rt darüber eine proportionirte Reparation gemacht werden muß. (Amts-Conferenz am 27. Januar 1757)
[40] " Wegen der Collection zur Orgel und Saal wurde resolvirt, daß man sie auf die Art einrichtet, alle Woche an einen gewissen Tage die Cassa zu halten und damit solange zu continuiren, bis es bezahlet ist. Verher wirds ab. öffentlich erinnert, und was ein jeder a part bewilliget, bleibt vor sich." (Amts-Conferenz am 3. Februar 1757)
[41] Amts-Conferenz am 27. Juli 1758

Aber es wollte sich wohl keine rechte Freude an dieser Orgel einstellen, denn am 4. Oktober 1759 beschloss die Amts-Conferenz, eine neue Orgel für den Saal anzuschaffen.[42] Die alte Orgel, ehemals aus dem Schloss stammend und durch Heinrich 24. der Gemeine geschenkt, hatte nur 3 Jahre ihren Dienst getan und sollte nun verkauft werden. Warum man sie nicht länger behalten wollte, ist unbekannt. Man kann aber vermuten, dass die Orgel für den Saal der Brüdergemeine einfach zu klein war. Sie war ja ursprünglich für den Kirchsaal des Schlosses angeschafft worden, der zwar eine beträchtliche Höhe hat, aber mit 6 mal 11 Metern Fläche nicht größer ist, als heute manches Wohnzimmer. Der Saal der Brüdergemeine hat demgegenüber mit einer Fläche von 325 m^2 fast die fünffache Größe, allerdings bei etwa einem Meter geringerer Raumhöhe.

6. Eine neue Orgel von Johann Stephan Schmaltz 1761

Einige Monate nach dem Beschluss, eine neue Orgel für den Saal anzuschaffen, wurde der Auftrag dafür an den "Fürstlich Schwarzburgischen Privilegierten Orgelbaumeister Johann Stephan Schmaltz[43] aus Arnstadt" erteilt. Schmaltz lebte von 1715 bis 1784. Der Kontakt mit ihm ist vermutlich durch Günther Urban Anton v. Luedecke zustande gekommen. Lüdecke war damals Ortsvorsteher in Ebersdorf und leitete auch die neu entstandene Gemeine in Gnadenthal (dem jetzigen Neudietendorf), die damals als Filiale von Ebersdorf geführt wurde. Wahrscheinlich kannte Luedecke den Orgelbauer Schmaltz, da dieser 1760 in Wandersleben, einem Nachbarort von Neudietendorf, eine Orgel umbaute.

Im Protokoll der Jüngerkonferenz vom 20. April 1760 steht dazu:

> "Br. Nitschmann und Br. Lüdecke referierten von ihren Besuch in Gnadenthal und unter anderen wie sie mit einen Orgelbauer N.N. Schmaltz in Arnstadt gesprochen von wegen einer neuen Orgel (weils doch einmal

---

[42] "Es wurde heute mit Einmütigkeit der ganzen Conferenz beschloßen im Andencken zu behalten, vor eine neue Orgel auf unsren Saal zu besorgen die noch fehlt, Br. Heincke conferirt mit Br. Gehra darüber wie am besten" (Amts-Conferenz am 4. Okt. 1759)

[43] Über Leben und Schaffen von Schmaltz informiert ausführlich die Festschrift von Bernd Kramer: Johann Stephan Schmaltz (1715-1784), Orgelmacher in Wandersleben und Fürstlich Schwarzburgischer privilegierter Orgelmacher in Arnstadt, Wandersleben 2015, 48 Seiten

resolvirt worden eine Neue zu haben), welcher ihnen auch einen Aufsatz gegeben aus was vor Registern dieses Werck bestehen und in Cammerthon verfertigt werden soll, und verlangte davor 250 Rth. Das Fuhrlohn, ingleichen die etliche Tage Essen und Trinken und Logie vor ihn und seine Leute währenten wird a part von der Gemeine bezahlt. Die ganze Conferenz war sowohl über der Referirung von Gnadenthal als auch wegen der Orgel vergnügt und Satisfait.
Vom Fond zur neuen Orgel, wie und woher selbiger genommen, wurde dießerhalb auch gesprochen und resolvirt
- daß Erstl. sollten die 61 Rth. Collections Gelder vor die alte Orgel dazu genommen werden
2. soll die alte Orgel so gut als möglich verkaufft und das Geld zu Neuen Orgel genommen werden.
3. desgleichen soll auch einer von den Flügeln verkaufft werden, es wird deshalb mit Br. Gera überlegt und recommandirt werden selbigen zu suchen so gut als möglich anzubringen.
4. von unsers seel. Br. Paulsens Verlassenschaft auch etwas."

Tatsächlich konnte im August desselben Jahres die alte Orgel nach Weisbach verkauft werden.[44]

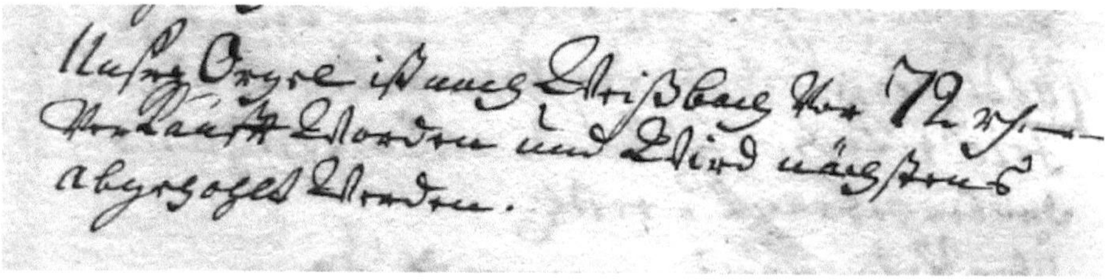

Bild 4: Protokoll-Notiz vom 12. Aug. 1760

Der erzielte Preis von 72 Reichstalern erscheint nicht besonders hoch, denn fast das Doppelte hatte die Brüdergemeine allein für das Reparieren und Aufsetzen des Instrumentes bezahlt. Weisbach, heute ein Ortsteil von

[44] "Unsre Orgel ist nach Weißbach vor 72 rth verkauft worden und wird nächstens abgeholt werden." (Jünger-Conferenz am 12. August 1760)

Remptendorf mit knapp 200 Einwohnern besitzt eine relativ kleine Dorfkirche. Dort hat die Orgel noch 75 Jahre ihren Dienst versehen. Eine Besonderheit ist, dass sie vorn neben dem Altar stand.
Im schon zitierten Buch "Häuser am Weg"[45] ist für die Dorfkirche Weisbach vermerkt: "1760 erhielt das Gotteshaus eine Orgel ..., die 1835 durch eine neue ersetzt wurde."
Die neue Orgel im Saal der Brüdergemeine in Ebersdorf wurde in der Zeit vom 20. April bis 10. Mai 1761 eingebaut, nachdem sie der Orgelbauer den Winter über in seiner Werkstatt in Arnstadt angefertigt hatte, von wo sie durch die Brüdergemeine abgeholt wurde.[46]
Der Bau der neuen Orgel im Saal der Brüdergemeine Ebersdorf ist durch einige Einträge im Diarium der Gemeine dokumentiert.
20. Apr.1761: Heute wurde der Anfang gemacht unsere neue Orgel aufzusetzen.
5. Mai 1761: Um unsers Orgelbaus willen mußten die Gemeinversammlungen auf etliche Tage auf dem Sälgen gehalten werden
10. Mai 1761: Pfingstfest: Gleich morgens war unsere sel. A.-Mahls-Liturgie, dabei unsere neue Orgel das erstemal gespielt wurde.
Im Jahresbericht 1761 heißt es:
"Unser Gemein-Saal hat durch unsre neue Orgel eine neue Zierde, und unsre Gemein-musique eine neue Lieblichkeit gekriegt."
Über diesen Orgelbau durch Schmaltz findet man im Archiv der Brüdergemeine Ebersdorf zahlreiche Dokumente. Darunter gibt es eine von Schmaltz angefertigt "Disposition", die gleichzeitig als Vertrag anzusehen ist, der von Lüdecke und Schmaltz unterschrieben ist, und auf dem Schmaltz den Erhalt eines Vorschusses von 50 Talern quittiert.[47]
Diese Disposition zeigt den geplanten Aufbau der Orgel mit einem Manual und Pedal. Vorgesehen waren neun Register.
1) Principal 4 Fuß (3 Theil Zinn und 1 Theil Bley) ins Gesichte, muß blanck polliert seyn

---

45 s. Fußnote 11

46 "Unsere Neue Orgel ist fertig und soll am 15 April abgeholt werden." (Amts-Conferenz am 9. April 1761

47 siehe Anhang

2) Viole di Gamba 8 Fuß, von Holtz, scharf intonirt
3) Flaute travesiere 8 Fuß von Holtz, muß vermutlich eine andere Getonart haben als das vorige
4) Lieblich gedackt 8 Fuß. 4 Fuß halb Zinn und halb Bley.
5) Spielflaüte 2 Fuß halb Zinn und halb Bley
6) Menschenstimme 8 Fuß von c' biß 3 gestrichen von obiger Principal Güte.
7) Violon 8 Fuß von reinen Holtz
8) Sub-Bass 16 Fuß von reinen Holtz
9) Tremulant ad englische Schwebung
Die Clavitur von schwartz ebnen Holtz, die Semitonia von Elfenbein.

2 Bälge von 1 1/2 zölligten Bohlen nach der Länge und Breite des Raumes mit Roßadern wohl verwahrt und mit guter Leimträncken und tüchtig. Schafleder wohl verwahrt.

Die Manuel laden sollen von guten dürren 2 zolligten Fichtenbohlen, die Federn unter den Ventilen benebst den Schrauben auf dem Clavier und Pedal von meßingenen Drath verfertigt
Die Bassladen von Lerchnbaum Holtz

Das Clavier kommt auf die Seite, dahero das Regier-Werck desto fleißiger und sauberer gearbeitet werden muß.

Desweiteren gibt es eine größere Anzahl Rechnungen oder Quittungen für Material und Diestleistungen von verschiedenen Zulieferern aus Ebersdorf oder der näheren oder weiteren Umgebung. Es gibt Belege für
- verschiedene Farben (aus Nürnberg Florentiner Lack, venezianisches Bleiweiß)
- Arbeitszeit für Grundieren, Anstreichen, Ritzen verschmieren
- das tägliches Essen, Bier, Butter und Käs besonders aufgeführt, Essen täglich hinbringen
- Balkentreten
- Anfertigen von 4 Türen und Hilfe des Tischler-Gesellen für den Orgelmacher
- Maurerarbeiten

- Riemen für die Bälge
- verschiedene Bretter
- das Essen für den Fuhrmann und Hafer für das Pferd
- Essen und Trinken für den Orgelbauer: Milch zum Kaffee, Zwieback, eine Kanne Wein vom Schloss
- Schaffelle, Nägel
- den Fuhrlohn von Saalfeld bis Arnstadt mit Rückweg
- die Arbeit der Zimmerleute an der Orgel
- Brettnägel vom Hofschmied
- versch. Schmiedearbeiten: Bänder, Bolzen, Beschläge
- Kaffee, Zucker, Muscatenwein für den Orgelbauer, Bleiweiß
- eine Rechnung vom Febr 1762: Kaffee, Zucker, Wein für den Orgelbauer (entweder so spät gestellt, oder der Orgelbauer war noch einmal da.)

Die Orgel fand ihren Platz auf der Brüderseite in der hinteren Saalecke. Das geht aus einer Beschreibung durch einen Besucher im Jahr 1782 hervor: "Eine hübsche Orgel steht linker Hand, neben dem Eingang für die Brüder, (denn die Schwestern haben gegen über einen eignen, wo sie herein kommen). Zur Rechten erstreckt sich an der Wand hin, vom Anfang bis zum Ende des Saals, ein erhabener Ort, ohngefehr 1 Schuh hoch und fünf breit. In der Mitte desselben steht ein mit grünem Tuch bedeckter Tisch, vor welchem ein Prediger oder Ältester sitzt, wenn Gottesdienst gehalten wird."[48]
Am 10. Mai 1761 wurde die neue Orgel in Betrieb genommen. Die Brüder und Schwestern der Brüdergemeine trafen sich zu dieser Zeit mehrmals täglich zu Versammlungen, teils in den Chorhäusern, aber auch regelmäßig als ganze Gemeine auf dem Saal. Vermutlich wurde in jeder Versammlung auch gesungen und der Gesang von der Orgel begleitet, so dass die Orgel reichlich gespielt wurde.

[48] M.C.: Von der Brüdergemeine in Ebersdorf. Ein Schreiben vom 2. Nov. 1782. Wöchentliche Unterhaltung zum Nutzen und Vergnügen, Band 1, Georg Friedrich Six, Nürnberg 1782, S. 365-374

Bild 5: Mögliches Aussehen der Orgel 1761

In den folgenden Jahren gab es einige Probleme mit der Orgel, die Reparaturen erforderlich machten. So wandte sich 1765 der damalige Organist Bruder Baudis schriftlich an die Helfer-Conferenz wegen einer "sehr nothwendigen Reparatur der Orgel".[49] Im August desselben Jahres wurde beschlossen, dass die Orgel gestimmt werden müsse und wiederum Herr Sorge aus Lobenstein damit beauftragt.[50]

---

[49] Br. Baudis hat wegen einer sehr nothwendigen Reparatur der Orgel ein Pro memoria dem Br. Schmidt eingegeben, welches gelesen, und resolvirt wurde, daß diese Sache, deren Nothwendigkeit wohl eingesehen wird, dem Gemein-Rath soll vorgetragen werden. (Helfer-Conferenz am 11. April 1765)

[50] Es wurde erinnert, daß die Orgel nothwendig müße gestimmt werden, und wurde resolvirt, daß der Organist Sorge von Lobenstein dazu solle bestellt werden. Br. Heintke wird die Bezahlung davon aus der Music-Casse besorgen. (Helfer-Conferenz am 28.August 1765)

Im Jahr 1773 wurde eine Reparatur durchgeführt, bei der auch einige Pfeifen erneuert wurden.[51] Ob es sich dabei um die schon 1765 angemahnte Reparatur handelte, ist nicht ersichtlich.

7. Reparatur und Erweiterung durch Wiegleb 1774

Nach dieser Reparatur war die Orgel wohl immer noch nicht in einem zufriedenstellenden Zustand, so dass man 1774 Verbindung mit dem Orgelbauer Georg Ernst Wiegleb (1735-1814) aufnahm, um ihm mit der Reparatur und einigen Verbesserungen zu beauftragen. Auf Wiegleb war man gekommen, weil er die Orgel in der "Dorfkirche", der jetzigen Christophoruskirche, in Ebersdorf gebaut hatte.[52]
Wiegleb begutachtete die Orgel, listete die Schäden auf und unterbreitete Vorschläge zu deren Behebung (s. Anlage 7):
- Die Manual-Windlade ist zu klein und muss durch eine neue aus erlesenem Eichenholz nach mathematischer Proportion ersetzt werden.
- alle Pfeifen und auch die Bässe sollen "in Anspruch und Reinigkeit gebracht werden".
- alle Blasebälge und Kanäle sollen abgedichtet werden, damit "nicht der geringste Abgang gehört werden soll".
- es müssen neue Wellenbretter sowohl in dem Manual wie auch Pedal gemacht werden
- gegen Aufpreis von 6 Reichstalern kann auch das Clavier vorne angelegt werden.

---

[51] "...ward den Geschwn. vorgestellt, dass, da unsere Orgel so schlecht beschaffen sey, wir dieser Tage einen Orgel-Bauer von Längefeld im Vogtland am Erzgebürge dieselbe zu repariren und in einen tüchtigen Stand zu stellen um 14 Rth. Sächsischer Währung veraccordirt hätten; indem der Mann unvermuthet gekommen wäre, dass man es vorher nicht erst habe melden können; inzwischen müsten wir die Orgel-Pfeiffen, die er noch dazu zu machen habe, dorten auf Kosten der Gemeine abholen lassen. (Helfer-Conferenz am 29. April 1773)"
[52] In der Dorfkirche von Ebersdorf wurde 1772 "statt der alten kleinen Orgel eine neue von Orgelbauer Wigleb in Culmbach verfertiget von 14 Registern, mit zwei Manualen in 4 Octaven und einem Pedale in 2 Octaven" aufgestellt. - Kirchengalerie der Fürstlich Reußischen Länder. Die Ephorien Greiz, Schleiz & Lobenstein nebst dem Inspectionsamte Saalburg, 2. Abteilung, Dresden 1843, S. 154 f.

Für diese Arbeit, Material und Lieferung verlangte Wiegleb 130 Reichstaler, davon 30 Taler als Anzahlung für das Material, 40 Taler bei Lieferung der Orgel und 60 Taler "wenn die Arbeit vollkommen gut und tüchtig gemacht worden ist".
Im November 1774 wurde der Auftrag erweitert. Danach "werden 2 gantz neue Clavier nach gehöriger Proportion verfertiget, und zwar auf diese Art, die Diatonischen Clavibus von feinen schwartzen Eben Holtz und die Chromatischen mit weisen bein beleget." Desweiteren sind noch einige Erweiterungen nötig, u.a. ein neuer Windkasten an der Windlade und eine neue Welle. Es war ein Wunsch der Brüdergemeine, daß der Organist künftig mit Blick zur Gemeine sitzen solle. Das verspricht Wiegleb mit folgender Formulierung: "Die Anlage oder Einrichtung der 2 Manual, daß der Organist in den Werck sitzet, und eine Löbliche Brüdergemeine in Gesicht hat." In das zweite Clavier sollen folgende Register eingerichtet werden: Bordun, Spitzflöten, Quintothön von c' bis c''' als 8 f(uss).
Für diese Zusatzarbeiten wurden 8 Louisdor vereinbart. Das entsprach 40 Talern.
Wiegleb schloss die Arbeiten im Februar 1775 ab. Über den Orgel-Umbau durch Wiegleb gibt es im Archiv der Brüdergemeine neben den beiden genannten Dokumenten einen kleinen Briefwechsel und eine Rechnung ("Desingnation") von Wiegleb, in der weitere, nicht in den beiden Verträgen vereinbarte Arbeiten abgerechnet werden. Dafür wurden zusätzliche 35 Taler gefordert.

8. Umsetzung und Reparatur durch Trampeli 1790

Die Orgel war danach in einem guten Stand. Zumindest wird in den Akten der Brüdergemeine einige Jahre lang nichts über Mängel oder Reparaturen berichtet. Die nächste Veränderung mit der Orgel stand 1790 an. Das hatte aber diesmal nicht vordergründig mit Mängeln an der Orgel zu tun, sondern mit einem Platzproblem. Die Orgel stand in der Saalecke auf der Brüderseite. Seit jeher ist der Saal in Brüderseite und Schwesternseite eingeteilt, jeweils mit eigenem Eingang. Die Geschlechtertrennung im Saal wurde bis in die 1960er Jahre hinein beibehalten. Brüder und Schwestern saßen auf separaten Bankreihen, die durch einen Mittelgang getrennt sind. Das galt

auch für Verheiratete. Die Orgel nahm viel Platz weg. Wenn auch die Anzahl der Brüder stets kleiner als die der Schwestern war, fehlte der Platz doch gelegentlich, besonders bei Festen, zu denen viele Auswärtige nach Ebersdorf kamen. So trug man sich schon länger mit dem Gedanken, die "Orgel samt dem ganzen Orgelchor" an einen anderen Ort zu setzen. Dieser Wunsch wurde 1790 verwirklicht, indem man einen Anbau in der Saalmitte auf der Gartenseite anbaute, "25 Fuß breit, 12 Fuß tief mit etwas erhöhtem Chor für die Sänger". Der Anbau erstreckte sich über drei Etagen des Gemeinhauses. Der neu entstandene Kellerraum wurde als Leichenhalle verwendet und der Raum im 1. Stock konnte von der "Handlung", dem Gemein-Laden, genutzt werden. Die Baukosten wurden mit 300 Reichstalern veranschlagt und der Bau von der Unitäts-Direktion genehmigt. Bei der Vorbereitung der Umsetzung der Orgel stellte sich heraus, dass das Instrument auch eine Ausbesserung nötig hat. Dafür unterbreitete der Orgelbauer Trampeli aus der Gegend um Hof einen Kostenvoranschlag von etwas mehr als 200 Talern. Die Errichtung des Anbaus war bis zum Sommer erledigt und im August konnte der Orgelbauer seine Tätigkeit beginnen. Die Gemeine wurde durch die Helferkonferenz darauf vorbereitet:
"In Erwegung, daß man dieser Tage den Orgelbauer erwarte, welcher mit der Umsetzung der Orgel nächster Tage den Anfang machen wird. Da es aber nun mit dem Auseinanderlegen die ersten Tage sehr viel Platz erfordere, und es einen entsetzlichen Staub geben wird: so wird man einige Tage die Versammlungen aussetzen müssen; hernach aber soll, bis die Orgel fertig seyn wird, einstweilen der Flügel vom kleinen Saal[53] herunter gebracht, und in den Versammlungen gespielt werden."[54]
Über den genauen Umfang der Reparaturarbeiten bei dieser Umsetzung ist nichts überliefert.
Im Jahresbericht 1790 konnte die Gemeine den erfolgreichen Abschluss des Saalanbaus vermelden:

> "Da der Raum auf unsern Gemein-Saal zu enge wurde, und die Orgel, welche in der einen Ecke des Saals auf den Fußboden stand, einen

[53] Der "kleine Saal" oder das "Sälgen", von dem schon öfter die Rede war, befand sich im Stockwerk über dem großen Saal.
[54] Helfer-Conferenz am 16. Aug. 1790

großen Platz weg nahm: so ist heuer ein Angebäudgen auf den Garten zu in der Mitte des Saals aufgeführt, darin die Orgel platzirt worden, welches alles glücklich ausgeführt und zur Verschönerung des Saals dinet; unten im Suterein sind Leichen-Kammern angebracht, und unser Laden hat auch dadurch mehr Raum bekommen."

Die Brüdergemeine war anscheinend mit der Arbeit des Orgelbauers zufrieden, denn sie schloss im November 1790 einen Wartungsvertrag mit Trampeli (s.Anlage 8), in dem es heißt:

"Es verspricht gedachter Orgelbauer Trampeli, die von ihm auf dem Kirchen-Saal reparirte Orgel in die Bestallung zu nehmen, und solche alljährlich zwischen Ostern und Johanny zu revidiren, und allen Kleinigkeiten, welche an der Orgel vorgefallen, abzuhelfen, so daß dieses Werck ins künftige keiner Haupt-Reparatur mehr bedarf."

Dafür würde Trampeli jährlich 2 Taler, das nötige Material und freies Logis erhalten. Wenn man bedenkt, wieviel Geld die Brüdergemeine in den zurückliegenden Jahren für ihre Orgeln ausgegeben hat, war das gewiss ein für die Brüdergemeine günstiger Handel. Es ist nicht bekannt, wie lange der Vertrag wirksam war. Trampeli ist 1812 gestorben.

In den Akten der Brüdergemeine findet man erst 1819 wieder einen Protokollvermerk zur Orgel. Die Helferkonferenz stellt fest: "Die Gemeinsaalorgel bedarf notwendig einer bedeutenden Reparatur. Man meint nicht, daß man jetzt eine Collekte sammeln könnte, will aber freiwillige Beiträge annehmen, wenn sich jemand dazu angeregt fände."[55] Die Reparatur soll im Oktober stattfinden. Der namentlich nicht genannte Orgelbauer verlangt 14 Reichstaler und freie Unterkunft. Nach einer Terminverschiebung ist die Reparatur im Juni 1821 abgeschlossen. Aus dem Jahr 1852 wird eine weitere Reparatur vermeldet. Das neue Orgelregister hat 41 Taler, 15 Groschen und 3 Pfennige gekostet, wovon reichlich 38 Taler gesammelt wurden und der Rest aus der "Music-Casse" bezahlt wurde.[56]

Laut Auskunft der Akten gab es erst in den Jahren 1874 bis 1877 wieder zahlreiche Aktivitäten rund um die Orgel. Die Orgel war demnach in einem so

---

[55] Protokoll des Aufseher-Collegiums vom 23. März 1819

[56] Protokoll der Helferkonferenz vom 7. Juli 1852

schlechten Zustand, dass man meinte, um eine Neuanschaffung, oder zumindest eine aufwendige Reparatur, nicht herum zu kommen.
Im November beschäftigte sich die Helfer-Conferenz mit der Orgelproblematik und legte fest: Der auf 40 Taler angewachsene Fond zur Anschaffung einer Orgel für den kleinen Saal, wovon man jedoch inzwischen abgesehen hat, soll zur Reparatur der Saalorgel verwendet werden.[57] Man will einen Sachverständigen aus Dresden zur Besichtigung der Orgel gewinnen. Im Juli 1875 wurde protokolliert, dass Hoforgelbauer Jehmlich aus Dresden am 25. Mai hier war. Er hat einen Kostenanschlag aufgestellt und schlägt gründliche Reinigung, gute Intonierung, Reinstimmung, ein ganz neues Gambe-Register und Veränderung einiger Holzregister vor und würde dafür 390 Reichstaler verlangen. "Obschon die Summe sehr hoch erschien, glaubte man doch darauf eingehen zu müssen, da eine unvollkommene oder gar gewissenlose Reparatur, die lange nicht so viele Kosten verursachte, doch nicht auf die Dauer helfen, vielleicht gar das Werk in einigen Jahren völlig unbrauchbar machen würde."[58] Die Ebersdorfer holten sich aber noch in anderen Gemeinden Rat. So schrieb am 14. August 1775 Br. Nitschke aus Königsfeld u.a. "Ich glaube, daß Herr Jehmlich ein tüchtiger Mann in seinem Fach ist, aber er ist auch sehr theuer." Letzlich empfiehlt er aber doch, die Arbeiten ausführen zu lassen, jedoch zu versuchen, den Preis etwas herunter zu drücken.[59] Das hat die Ebersdorfer Gemeine offensichtlich versucht, denn im Oktober 1875 schrieb Jemlich: "...erlaube ich mir Ihnen zu erwiedern, daß nachdem Sie von einer neuen Gamba in Ihrer Orgel absehen, sich die Accondsumme um 120 Thaler verringert, eine sonstige Ermäßigung des Kostenanschlags ist bei solider Ausführung unmöglich."[60] Jehmlich wies darauf hin, dass er gegenwärtig durch die Versetzung und den Umbau der Orgel in der Hof- und Sophienkirche sehr beansprucht ist, er hoffe aber noch dieses Jahr mit der Arbeit in Ebersdorf beginnen zu können.
Schließlich teilte Jehmlich mit, dass er die Reparatur nach Neujahr 1876 vornehmen will, wurde aber wieder durch andere Arbeiten daran gehindert.

---

[57] Protokoll der Helferkonferenz vom 20. Nov. 1874
[58] Protokoll der Helferkonferenz vom 12. Juli 1875
[59] Brief von Nitschke an Brüdergemeine Ebersdorf vom 14. Aug. 1875
[60] Brief von Jehmlich an Furter vom 1. Okt. 1875

Im April 1876 schrieb ein mit der Brüdergemeine befreundeter Organist Bock aus Zeulenroda und schickte eine Preisliste für neue Orgeln, in der er eine angestrichen hatte, die der damaligen Orgel der Brüdergemeine entsprach und nur 83 Taler teurer als die geplante Reparatur war. Dazu schrieb er "Machen Sie, da der Dredner Orgelbauer durch sein Nichterscheinen im vorigen Herbst sein Versprechen gebrochen, die Geschichte rückgängig. ... Verkaufen Sie Ihre Orgel auf Abbruch an eine Gemeinde, die noch keine hat. Sie bekommen dafür 2 - 300 rh, gewiss 250 rh. Dann können Sie sogar ein Werk mit 11 Stimmen und 2 Claviaturen nehmen."[61] Die Brüdergemeine zog nun auch den sachkundigen Kantor Gutheil aus Lobenstein zu Rate. Dieser empfahl andere Orgelbauer aus Roda und Paulinzelle. Ein zu dieser Zeit gerade in Frössen mit der Orgel beschäftigter Großherzoglich Sächsischer HoforgelbauerFörtsch bot von sich aus seine Dienste an.[62] Er befand sich zu dieser Zeit gerade in Frössen, wo er mit dem Aufstellen einer neuen Orgel in der Kirche beschäftigt war.
Im Mai 1876 machte die Brüdergemeine den an Jehmlich erteilten Auftrag rückgängig und nahm Verbindung mit dem Orgelbauer Schulze aus Paulinzella auf. Dessen Kostenanschlag wurde aber für zu hoch angesehen und man verhandelte nun mit dem Orgelbauer Adam Eifert aus Stadtilm. Einige Brüder prüften eine von Eifert in Kaulsdorf gebaute Orgel, fanden den Klang ausnahmslos schön, das Windmachen etwas beschwerlich und zweifelten, ob der Wind unter allen Umständen ausreichend ist.[63] Eifert machte einen Kostenanschlag für die Reparatur der alten Orgel in Höhe von 1592 Mark und einen Kostenanschlag für eine neue Orgel über 2631 Mark.[64] (Am 1. Januar 1876 war die neue deutsche Reichswährung - Mark und Pfennig - offiziell in Kraft getreten. Umrechnung: 1 Taler = 3 Mark)
2100 Mark waren in der Brüdergemeine für den Orgelbau vorhanden.
Parallel zu den Verhandlungen mit den Orgelbauern versuchte die Ebersdorfer Gemeine die fehlenden Finanzen zu beschaffen. Der Gemeinde-Vorstand schrieb einige Brüdergemeinen an, offensichtlich nur die

---

[61] Brief von Bock an Vorsteher der Brüdergemeine Ebersdorf vom 25. April 1876
[62] Brief von Förtsch an Vorsteher der Brüdergemeine Ebersdorf vom 6. Aug. 1876
[63] Befund der Caulsdorfer Orgel bei der am 1. Aug. 76 stattgehabten Revision.
[64] „Disposition und Kostenanschlag zu einer neuen Orgel in den Kirchensaal der Brüdergemeinde zu Ebersdorf“ vom 15. Aug. 1876

wohlhabenderen und diejenigen, zu denen man gute persönliche Kontakte hatte, und bat um Unterstützung. Im Archiv sind mehrere Antwortsschreiben aufbewahrt, und zwar von den Gemeinen in Zeist, Berlin, St. Petersburg, Christiansfeld, Neusalz und Sarepta.[65] Der Vorsteher von Zeitz, Br. Ledoux, schrieb an den Ebersdorfer Vorsteher Braun, dass "die hiesigen Conferenzen infolge deiner Bitte einen Beitrag von M 900,- zu den von dir bezeichneten Zweck bewilligt haben." Ledoux schrieb weiter: "unsere Conferenzen bewilligten gern in Anbetracht der Dürftigkeit der Ebersdorfer Gemeine den obigen im Verhältnis zu den von dir bezeichneten Gesamtkosten ansehnlichen Betrag" und bat darum, gelegentlich unterrichtet zu werden, was denn andere wohlhabende Gemeinen gegeben haben. Br. Erxleben teilte mit, dass die Gemeine Berlin 150 Mark bewilligt habe. Interessant ist ein Brief von Br. Hans aus Saint Petersburg. Vermutlich handelte es sich um Christian Theodor Hans, geb. 1832. Er war 1853 als Lehrer und Kandidat der Theologie nach Ebersdorf gekommen und bezeichnet sich „als alten Ebersdorfer Quasi-Organisten“. Er schreibt im August 1876, dass er keine Garantie für die Beschaffung der bezeichneten Summe von 1039 Mark übernehmen kann, da seine Gemeineglieder erst aus ihren Sommerhäusern zurück kommen. Hans hatte Erfahrungen im Orgelbau, da er in der St. Petersburger Kirche eine ganz neue Orgel bauen ließ. Da ihm die Disposition für die Ebersdorfer Orgel zugeschickt worden war, hatte er eine Menge fachlicher Ratschläge. Er sprach sich gegen eine Reparatur der alten Orgel und für eine Neuanschaffung aus.
Aus Christiansfeld wurde eine Unterstützung in Höhe von 100 Mark zugesagt, Br. Heissler aus Neusalz schickte 350 Mark, und die Brüder und Schwestern in Sarepta an der Wolga freuten sich ebenfalls über die neue Orgel in Ebersdorf und schickten 250 Reichsmark - allerdings für die Beschaffung einer neuen Turmuhr, für die man wohl auch um Unterstützung gebeten hatte.

[65] Archiv der Brüdergemeine Ebersdorf, V.A.R.13.B

9. Eine neue Orgel von Adam Eifert 1877

Da durch diese Zusagen die Finanzierung gesichert war, entschied man sich in Ebersdorf für den Neubau der Orgel und vergab den Auftrag an Eifert. Dessen Disposition für die neue Orgel sah so aus:[66]

A Hauptwerk

1) Pricipal 8', von 12 löthigem Zinn, die tiefe Octave von gutem Fichtenholz, der Ton stark und gesangvoll

2) Bordun 16', von gutem Fichtenholz mit dichtbelederten Stöpseln, die tiefe Quinte 6', Ton dunkel füllend

3) Viola di Gamba 8', von 12 löthigem Zinn, die tiefe Octave von gutem Fichtenholz, Ton stark streichend

4) Hohlflöte 8', von Fichten- und Birnbaumholz, die tiefe Oct. gedackt, Ton voll und rund

5) Octav 4', von 12 Löthigem Zinn, Ton frisch

6) Octav 2', dergl.

7)Mixtur 2-3 fach.

B Oberwerk

8) Salicional 8', von 12 löt. Zinn, die tiefe Octave gedackt von Holz, Ton sanft streichend

9) Liebl. Gedackt 8', von gutem Fichten- und Birnbauholz, Ton lieblich

10) Rohrflöte 8', von 12 löth. Zinn, die tiefe Octave mit Nr. 9 verbunden, Ton mild

11) Flauto dolce 4', von gutem Fichten- und Birnbaumholz, Ton angenehm

C Pedal

Subbass 16', wird aus der alten Orgel beibehalten, stärker intonirt und reparirt

Violonbass 8' wird ebenfalls beibehalten und reparirt

Octavbass 8' ganz neu, (indem die beiden alten Bässe etwas schwach sind), von gutem Fichtenholz. Sämtliche Verschläge der Holzpfeifen werden aufgeschraubt.

D Nebenzüge

Man. Coppel, wird über der Claviatur angebracht

Ped. Coppel, mit eigenen Ventilen. Sämtl. während des Spielens zum

[66] siehe Anlage 9

An- und Abcoppeln.
Calcantenzug.[67] wird unter der Claviatur angebracht

Nähere Bestandtheile

- Fünf neue Windladen zu 14 Stimmen müssen angefertigt werden. Die Rahmen, Schleifen, Dämme von gutem Eichenholz, alles andere von gutem Kiefernholz. Die Ventile werden von gutem Fichtenholz und zweimal beledert. Die Ventilfedern sowie alles Angehänge werden aus Messingdrath hergestellt. Statt der Windsäckchen werden Messingplättchen angewandt.
- Die Mechanik besteht aus Querwellen und Winkel. Die Achsen der Wellen laufen in gutem Sohlleder.

Die Abstracten, deren Enden mit Band umleimt werden, um das Aufspalten zu verhindern. Die Anlage so, daß man zu jedem einzelnen Glied leicht gelangen kann.
- Die Registratur, stark und dauerhaft, damit keine Dehnung stattfinden kann. Die Registerknöpfe tragen den Namen der Register, sind von festem Holz mit Porzellanplatten versehen.
- Ein neuer Magazinbalg, 2 Meter lang, 1 M. breit, mit doppelten Falten und zwei Pumpen versehen, die Rahmen werden aus zweizölligen Bohlen, die Falten und Füllungen aus zölligen Brettern gefertigt. Die Verflechtung geschieht in der Entfernung von 15 cm und einer dreifachen guten Belederung. Die Pumpen werden zum Treten eingerichtet.
- Das alte Gehäuse wird beibehalten, die Prospectpfeifen bleiben stumm und werden neu polirt.
- Die Windkanäle werden so weit construirt, daß beim vollen Spielen kein Schluchzer vernommen wird. Inwendig werden sie gut beledert und mit Leim und Bolus zweimal ausgestrichen.
- Zwei neue Manualclaviaturen von gespaltenem Fichtenholz. Die Untertasten mit weißem Knochen belegt, die Semitonien aus schwarzem Ebenholz. Die Tasten fallen nicht tief. Der Umfang von C bis f ''', also 54 Tasten. Die Rahmen und Vorsatzbretter werden mit Palisander fournirt und polirt. An den

[67] Der Calcantenzug ist ein Registerzug, der mit einer kleinen Glocke, Schelle oder dergleichen im Balghause in Verbindung steht, um dadurch dem Balgtreter (Calcanten) ein Zeichen zum Treten der Bälge zu geben.

Claviaturen werden Stellschrauben angebracht zum Regulieren der Tasten. Überhaupt müssen sie sich leicht bewegen.

- Eine neue Pedalclaviatur von hartem Holz mit guter Polsterung. Umfang C - d', 27 Tasten
- Ein neuer verschließbarer Spieltisch von feinem Fichtenholz, so eingerichtet, daß man zu den Mechanikteilen leicht gelangen kann.
- Lagerholz der Windladen und Bälge sowie Anhängeleisten für Fußboden und Treppen mit Aufpassen sämtlicher Pfeifen.
- Intonation und Einstimmung des Werks in Berliner Kammerton.
- Transport der Orgelteile bis an Ort und Stelle
- Für Kost und Logis während des Aufbauens
- Bälgetreter und Tastenhalter während des Stimmens
- Für Schlosser und Schmiedearbeit.

Summe 2631 Mark

Bemerkung

Für die Güte der Orgel übernehme ich eine Garantie von 10 Jahren, wo ich alle mir zur Last fallenden Fehler während dieser Zeit unendgeldlich wieder herstelle, mit Ausnahme einer jährlichen Stimmung für ein geringes Honorar. Das Metall der alten Orgel übernehme ich, das Pfund zu 30 Pfennige. Die Fertigstellung geschieht nach 1/2 Jahr v. Contraktabschluß.

Stadtilm d. 15 August 1876

A. Eifert Orgelbauer

Aus dieser Disposition gewinnen wir einige wichtige Erkenntnisse:

- Die alte Orgel (von Schmaltz 1761) wurde nicht verkauft, sondern verschrottet.
- Lediglich der Subbass und der Violonbass wurden von der alten Orgel in die neue übernommen.
- Auch das alte Gehäuse wurde für die neue Orgel wieder verwendet.
- Der Prospekt, die Schauseite des Gehäuses, enthielt nur stumme Pfeifen, also Pfeifen, die nicht bespielt wurden, sondern nur eine optische Funktion hatten. Von der Vorgängerorgel (Schmaltz 1761) wissen wir, dass klingende Prinzipal- und Menschenstimme-Pfeifen im Prospekt standen. Diese wurden also jetzt lediglich neu poliert und dienten künftig nur noch als optische Schauelemente.

Am 9.September bedankte sich Eifert für den Auftrag und stellt in Aussicht, die Orgel bis Ostern fertigzustellen. Am 22. Oktober teilte er in einem Brief mit, daß er die Orgel schon in Arbeit hat.
Den Ostertermin (1. April) konnte Eifert nicht halten und konnte auch am 8. April noch kein Fertigstellungs-Datum angeben. Seine Begründung für die Verzögerung: "Da der Spieltisch von der Orgel getrennt steht, so hat es sich nöthig gemacht, daß ich für die Registratur pneumatischen Luftdruck anwenden muß, daß sich die Züge ganz leicht herausziehen lassen, und dieses macht mir sehr viel mehr Arbeit, was also doch für die Orgel vom großem Nutzen ist."[68] Er bittet darum, ihn ja nicht so zu drängen und verspricht, wenn er gesund bleibt, die Orgel zu Pfingsten (20. Mai) zu liefern. Diesen Termin hat Eifert offensichtlich eingehalten, denn am 19. Mai quittierte er den Empfang von 2685 Reichsmark für "Aufstellung und Lieferung einer Orgel unter 10jähriger Garantie" (s. Anlage 10).
Die Orgel wies zunächst noch einige Mängel auf. Auf ein entsprechendes Schreiben antwortete Eifert aus Stadtilm: "Die Kleinigkeiten bezüglich Stimmung und Intonation-Nachhilfe wollte ich eigentlich erst im Herbst machen, aber wenn Sie durchaus darauf bestehen, die Windbeförderung anders einzurichten, so möchte ich Sie doch gütigst ersuchen, während der Zeit der Änderung freie Station und das erforderliche Material zu gewährleisten, daß ich doch den Schaden nicht zu groß zu tragen habe, denn hätte ich Zeit gehabt, so hätten wir diese Reise nicht zweimal zu machen brauchen."[69]
Das Ergebnis dieser Nacharbeiten befriedigte die Brüdergemeine jedoch ganz und gar nicht. Man ließ zwei Gutachten anfertigen, eines vom Organisten Bock aus Zeulenroda und eines vom eigenen Organisten Menzel. Beide kamen zu dem Ergebnis, dass die Orgel mit der jetzigen Windmacherei nicht auf Dauer brauchbar sei.
Bock: "Befremdlich war es mir zunächst, wenn man diesem Werk, das 2700 Mark kostet, nicht ein neues entsprechendes Gehäuse geben konnte. Aber in hohem Grade indignirt war ich, als ich die Anstrengungen des armen

---

68 Brief vom 8. April 1877
69 Brief vom 30. Mai 1877

Calcanten sehen mußte, der mit mehr als turnerischer Behendigkeit arbeiten mußte, den erforderlichen Wind aufzutreiben...."[70]
Menzel: "... war ich nicht wenig erstaunt, die uns von Herrn Orgelbauer Eifert versprochenen Verbesserungen an unserer Orgel, speciell die Windfabrikation betreffend, in einer Weise ausgeführt zu sehen, daß eher das Gegentheil von einer Verbesserung eingetreten zu sein scheint, und meine seither beim Spielen der Orgel gemachten Erfahrungen bestätigen auf das Klarste, daß es unmöglich ist mit den vorhandenen Einrichtungen die erforderliche Quantität und Qualität des Windes zu liefern."[71]

Die Gemeindeleitung beschloss, "daß der Orgelbauer Eifert, der sich bei der Sache etwas kühl benimmt, an seine Pflicht und Schuldigkeit ernstlich ermahnt werden soll, und im Guten angehalten, das Werk in brauchbaren Stand zu bringen, ohne daß uns neue weitere Kosten dadurch entstehen."
In einem Brief vom 30. August reagiert Eifert auf die Gutachten und rechnet vor, dass die Anlage richtig dimensioniert und der Blasebalg groß genug ist. "Daß aber auch der Bälgetreter soviel selbst wissen muß, daß man beim vollen Spiel fleißiger treten muß, als wenn man nur mit wenigen Registern spielt, ist gewiß zu erwarten, denn von selbst geht es nicht."[72] Eifert war aber bereit, kostenlos zwei neue Bälge herzustellen und einzubauen.
Das erledigte er im November 1877, und damit waren wohl die Probleme beseitigt. In den nächsten Jahren war jedenfalls die Orgel in den Sitzungen der Leitungsgremien kein Thema mehr. Lediglich 1893 wurde vermerkt: "Herr Zillgitts aus Gera hat die Orgel gestimmt und festgesellt, daß das ganze Werk einmal zerlegt, gereinigt und instand gesetzt werden müsse, was, seit die Orgel vor 20 Jahren gesetzt worden ist, nicht geschehen ist."[73]
Das Aufseher-Collegium beschloss, den Auftrag in Höhe von 250 - 300 Mark an Zillgitts zu erteilen.
1895 gab es einen Zwischenfall: "Heute wurde das Ehechorfest gefeiert. Während des Liebesmahls am Nachmittag platzte einer der Bälge an der

[70] Gutachten des Herrn E. Bock aus Zeulenroda, vom 22. August 1877
[71] Gutachten des Br. A, Menzels Gutachten, vom 23. August 1877
[72] Brief von Eifert an Vorsteher Baer vom 30. Aug. 1877
[73] Protokoll des Aufseher-Collegiums vom 16. Juni 1893

Orgel, so daß das Abendmahl auf dem Brüderhauschorsaal stattfinden mußte." [74]

Im Jahr 1913, also 20 Jahre nach der letzten Reinigung, wurde wieder beschlossen, "die Orgel im Laufe des nächsten Sommers reinigen zu lassen." Dann kam der 1. Weltkrieg, und als der Krieg länger dauerte, wurden in Deutschland alle Metallreserven erschlossen, um die Rüstungsproduktion aufrecht erhalten zu können. So wurde auch dem Ältestenrat der Ebersdorfer Brüdergemeine im Januar 1917 die amtliche Beschlagnahme der zinnernen Prospektpfeifen an der Orgel mitgeteilt. Im Februar erfuhr man, dass die Prospektpfeifen vorläufig nicht eingezogen werden. Aber im Juni hieß es dann, dass die Orgelpfeifen demnächst abzuliefern seien. Schließlich ging der Krieg zu Ende, ohne dass die Ebersdorfer Pfeifen zu seiner Verlängerung beigetragen hätten. Lediglich die kleinere der beiden Glocken musste abgegeben werden. Da die Prospektpfeifen in Ebersdorf damals stumme Pfeifen waren, hätte ihre Entfernung keine Auswirkungen auf das Orgelspiel gehabt, aber natürlich das Aussehen des Saales stark beeinträchtigt.

10. Reparatur und Modernisierung durch Walcker 1932

Die Orgel war zwar vom Krieg verschont geblieben, aber der Zahn der Zeit nagte weiter an ihr. 1924 holte der Ältestenrat Kostenanschläge zur Erneuerung der Orgel ein und 1925 wurde eine Sammelbüchse "Für eine neue Orgel" aufgestellt. Die wirtschaftlich schlechte Lage, nicht nur allgemein in Deutschland, sondern auch in der Ebersdorfer Brüdergemeine, erlaubte es in den folgenden Jahren jedoch nicht, das Vorhaben zu verwirklichen. Erst 1931 konnte man den Plan weiter verfolgen. Zunächst wurde der Raum für den Kirchenchor, in dem sich die Orgel befindet, erweitert. Er erhielt das heutige Aussehen mit einer Ausbuchtung in der Mitte der Brüstung. Auch wurden aktuelle Kostenanschläge für die Orgel eingeholt. Im Jahresbericht 1931 ist zu lesen: "Auch im Saal ist Anfang des Jahres eine Änderung vorgenommen worden: Der alte Plan, den Raum für den Kirchenchor zu erweitern, ist endlich ausgeführt worden. Die Ausbuchtung der Brüstung nach

---

[74] Brüderhaus-Diarium vom 8. September 1895

vorn fügt sich gut in das Bild des Saals ein, und der Chorgesang klingt nun geschlossener."

Der Jahresbericht von 1932 kann schon den erfolgten Orgeleinbau vermelden:

"Zur Missionsjubelfeier (14. Aug.) war auch unsere erneuerte Orgel fertig geworden. Schon lange hatte ja der Plan zur Erneuerung der Orgel bestanden. Infolge der Preissenkung[75] war es nun möglich geworden, die Erneuerung vornehmen zu lassen. Der Gemeinrat am 27. April hatte zu diesem Zweck einen Orgelausschuß gewählt, der sich die neueren Orgeln in der Nähe ansah und die Kostenanschläge bearbeitete. Die Firma Walcker in Ludwigsburg bekam den Auftrag. Ende Mai wurde die Orgel abgebrochen, Ende Juli neu wieder aufgestellt, am 4. August durch Herrn Kirchenmusikwart Mauersberger aus Eisenach geprüft und am 12. August durch eine liturgische Feier eingeweiht. Sie ist um ein Register erweitert, hat auch sonst Erweiterungen erhalten, ein ganz neuer moderner Spieltisch mit vielen Registrierhilfen und eine Windmaschine mit elektrischem Antrieb ist eingebaut worden und schließlich die mechanische Übertragung vom Spieltisch zu den Pfeifen durch eine pneumatische ersetzt worden. Natürlich ist auch das Gehäuse wieder hergestellt und sogar ein Jalousieschweller für das zweite Manual eingebaut worden. ... Die erneuerte Orgel kam dann recht zur Geltung in der musikalischen Feierstunde, die am Nachmittag des Totensonntags von musikalischen Mitgliedern unserer Gemeine veranstaltet wurde und dankbare Aufnahme fand."

Interessant ist, dass die mechanische Übertragung vom Spieltisch zu den Pfeifen durch eine pneumatische ersetzt wurde. Denn diese pneumatische Übertragung hatte eigentlich schon Eifert vorgesehen. Sie hatte ihn, wie er in einem Brief schreibt, fast 100 Taler gekostet, da sie nicht im Kostenanschlag enthalten war. Als dann aber die Probleme mit der fehlenden Luft auftraten, hatte er angekündigt "die pneumatischen Hebel abzustellen, damit doch nicht soviel Wind verbraucht wird, bis die neuen Bälge fertig sind."[76] Die neuen Bälge sind zwar eingebaut worden, aber die Pneumatik ist wohl nicht wieder in Betrieb genommen worden.

---

[75] Die Firma Walcker reduzierte ihren Preis auf 5700 Mark (Ältestenrats-Protokoll vom 11. April 1932)

[76] Brief von Eifert an den Vorsteher, vom 17. Nov. 1877

Weitere Unterlagen existieren im Ebersdorfer Archiv nicht. Aber im Werkbuch der Firma Walcker – dort ist die Ebersdorfer Orgel unter Opus 2361 geführt – ist folgendes dokumentiert (s. Anlage 11):

<u>Umbau der Orgel mit 15 Registern auf 2 Manualen und Pedal</u>
Der Auftrag wurde erteilt mit Schreiben vom 17.5.1932 und am 22.7.1932 abgeschlossen.
Das I. Manual wurde um 2 Töne (C und g''') auf C– g''' = 56 Tasten erweitert. Zu den vorhandenen 6 Registern im I. Manual (Bordun 16', Pricipal 8', Gamba 8', Rohrflöte 8', Hohlflöte 4', Quinte 2 2/3'/alte Waldflöte 4' mit jeweils 56 Pfeifen) kam ein weiteres Register „Mixtur" mit 168 Pfeifen. Dazu ist vermerkt, dass die Prinzipal-Pfeifen als Prospektpfeifen ebenfalls neu hergestellt wurden.[77]
Das II. Manual wurde ebenfalls um 2 Töne auf denselben Tonumfang wie das erste Manual erweitert. Es bekam neue Schweller. Die vorhandenen Register (Gedackt 8', Salicional 8', Principal 4', Flauto dolce 4', Oktavföte 2') wurde um ein neues Register Vox coelestis 8' ab c mit 56 Pfeifen erweitert.
Das Pedal wurde um 3 Töne auf 30 Tasten (C bis f') erweitert. Die Register Subbass 16', Oktavbass 8' und Violoncello 8' wurden beibehalten.
Insgesamt hatte die Orgel nach der Erweiterung durch Walcker 978 Pfeifen.
Als Registrierhilfen sind aufgezählt:

1. Handregisterwippen
2. Tutti
3. Mezzoforte
4. Auslöser 2 + 3
5. Crescendo-Walze
6. Ant. Pedalumschaltung II
7. Schweller II
8. Crescendozeiger
9. Windzeiger

[77] Sie ersetzten damit die vermutlich noch von der Schmaltz-Orgel (1761) stammenden Pfeifen, die 1877 von Eifert als stumme Pfeifen übernommen wurden.

Weitere von Walcker erbrachten Leistungen waren

- ein neues Gerüstwerk „in solider Ausführung, der Anlage des Werkes entsprechend“
- ein neues Gebläse: Walcker'sches Orgelgebläse „Aeolus“ mit Drehstrommotor (3 Phasen), 220/380 Volt, 50 Perioden. Die alten Froschmäuler wurden wiederverwendet.
- Neue Kanäle, sorgfältig mit Papier und Leder abgedichtet
- Neuer Windladen, „nach unserm bestbewährten pneumatischen System“
- Neue Traktur, „in präzisester Ausführung nach unserm pneumatischen System“
- Neuer Spieltisch mit Tannen-Gehäuse, „nach unserm pneumatischen System mit 2 Manualen und Pedal, alle in der Disposition aufgeführten Register, Spiel- und Registrierhilfen enthaltend. Dazu Sitzbank und Notenpult“
- Neuer Schwellkasten für das II. Manual mit senkrecht stehenden, dicht schließenden Jalousien, zugleich Seitengehäuse
- Abbruch und Aufstellung des ganzen Werks
- Intonation sämtlicher Register „in künstlerisch vollendeter Weise, dem Charakter der Stimmen, dem alten Pfeifenmaterial und dem Umfang der Disposition bestens angepasst.“
- Stimmung der Orgel ca. ½ Ton tiefer als seither.
- Prospektpfeifen (neu) in bronziertem Zink mit Rastern und Stöcken
- Das alte Gehäuse wird wiederverwendet

Auch bei der Walcker-Orgel stellten sich nach Fertigstellung einige Mängel heraus ("Übelklänge" beim Motorgebläse, Unregelmäßigkeiten in der Windzufuhr, ungleichmäßige Ansprache eines Registers), die aber schnell beseitigt werden konnten.

11. Die Orgel in 40 Jahren DDR

Im zweiten Weltkrieg hat die buntmetallhungrige Kriegswirtschaft ihre Hände nicht nach den Ebersdorfer Orgelpfeifen ausgestreckt. Die Gemeinde musste lediglich die beiden Kirchenglocken abliefern und hat sie auch nicht mehr wiedergesehen.

Nach dem Krieg mußte so manche Reparatur zunächst unterbleiben, weil es einfach kein Material gab. So teilte der Orgelbauer Laubs aus Gispersleben im August 1947 auf Anfrage mit, dass es leider zur Zeit unmöglich ist, ein neues Register in die Orgel einzubauen. Trotzdem schmiedete der Ältstenrat im November desselben Jahres Pläne zum Umbau von Registern in der Orgel. Zunächst aber musste man sich im Mai 1948 mit der Instandsetzung der Orgel befassen, da sie im zurückliegenden Winter durch eindringendes Schmelzwasser stark beschädigt worden war.

Ältere Ebersdorfer erinnern sich daran, dass in den Jahren nach dem Krieg wieder die Balken getreten werden mussten, um Luft für die Orgel zu erzeugen. Vermutlich war also die Windmaschine mit elektrischem Antrieb zumindest zeitweise defekt. Die mechanische Lufterzeugung mittels Tretwerk und zweier Bälge war zur Sicherheit in Reserve gehalten worden, ist aber irgendwann in den 1970er oder 1980er Jahren doch demontiert worden.

Die Protokoll-Notizen in den folgenden Jahrzehnten vermitteln einen kleinen Eindruck von den besonderen wirtschaftlichen Bedingungen in der DDR. 1977 stellt der Ältestenrat fest: "Die Orgel muß unbedingt gestimmt werden, aber es findet sich keine Firma mehr, die es macht. Eine Renovierung des Orgelprospektes wird in Aussicht gestellt. Die Schnitzarbeiten übernimmt Herr Popp und die Maler- und Vergoldungsarbeiten Emmaus"[78]

Die Brüdergemeine nutzte damals und auch heute gelegentlich - besonders im Winter - den Chorsaal im benachbarten ehemaligen Schwesternhaus. 1977 wollte die Gemeinde diesen Saal auf ihre Kosten mit einem Orgelpositiv ausstatten. Auf Nachfrage bei der Firma Schuster in Zittau wurde ein Preis von 10500 Mark und eine Lieferzeit von 10 Jahren mitgeteilt. Überraschend dauerte es dann aber doch nur reichlich 3 Jahre, bis die Kleinorgel im Dezember 1980 geliefert wurde.

---

[78] Ältestenrats-Protokoll vom 23.2.1977, Friedrich Popp war ein bekannter Ebersdorfer Holzbildhauer, Emmaus war der Name des benachbarten Altenheimes, in dem während der DDR-Zeit eine eigene Handwerker-Abteilung bestand.

1983 stellte sich der Ältestenrat die Frage, ob denn die große Orgel im Saal noch zu reparieren sei oder eine neue bestellt werden muss. Die Laufzeit für die Neuanschaffung wäre 12 Jahre. Verschiedene Experten und Vertreter von Orgelfirmen begutachteten die Orgel. Die meisten Firmen konnten jedoch keine Aufträge annehmen. Schließlich bestellte der Ältestenrat bei der Firma Schönfeld in Stadtilm eine neue Orgel mit 16 Registern. Da aber in den nächsten Jahren die Renovierung des gesamten Gebäudes samt Saal anstand, wurde der Orgelbau bis zum Abschluss dieser Arbeiten verschoben (und schließlich ganz darauf verzichtet). 1988 machte sich ein neuer Orgelmotor erforderlich. Da so etwas in der DDR nicht zu beschaffen war, bat die Ebersdorfer Gemeine ihre Partner-Gemeine in Hamburg, einen Motor im "Westen" zu kaufen. Dafür war eine Einfuhrgenehmigung der DDR-Behörden nötig, die durch der Direktion der Brüdergemeine in Herrnhut beantragt werden musste. So dauerte es einige Monate, bis der neue Motor eingebaut werden konnte. Auf diesem Wege wurden dann noch weitere Orgelteile von Hamburg geschickt. Bald darauf kam das Ende der DDR und wenig später gab es genügend Material und Firmen, die sich um Aufträge rissen.
1990 erstellte die Orgelbaufirma Schönfeld (Stadtilm) einen Voranschlag für eine neue Orgel in Höhe von 190 000,- DM. Der Orgelbauer Schüßler veranschlagte 54 626,- DM für die Reparatur der vorhandenen Orgel.

12. Instandsetzung durch Schüßler 1991

In den Jahren 1990/91 wurde in 10 monatiger Bauzeit das Gemeinhaus instandgesetzt. Es erhielt u.a. einen neuen Außenputz und Farbanstrich. Auch der Saal wurde renoviert. Die Instandsetzung der Orgel erfolgte durch den Orgelbaumeister Hartmut Schüßler aus Greiz. Bei der festlichen Übergabe wurde den Besuchern die Orgel durch Herrn Schüßler vorgestellt. Die regionale "Ostthüringer Zeitung" berichtete darüber und vermeldete unter anderem, das das Instrument insgesamt 900 Pfeifen besitzt.

Gegenwärtiger Aufbau und Disposition der Orgel

Bild 6: Blick auf den Spieltisch.

Die Bezeichnung der Registerwippen lautet (von links nach rechts):

1 II/Ped
2 I/Ped
3 Subbass
4 Oktavbass
5 Violoncello

6 Bordun
7 Principal
8 Rohrflöte
9 Oktave
10 Hohlflöte
11 Oktave
12 Mixtur

13 II/I

14 Unter II/I
15 Ober II/I
16 -

17 Gedackt
18 Principal
19 Rohrflöte
20 Quinte
21 Oktavflöte
22 Terz
23 -
24 -

13. Gehäuse, Prospekt und Spieltisch

„Pfeifenwerk und Technik einer Orgel werden mit einem Gehäuse (nahezu immer aus Holz) umgeben. Dieses hat neben der Schallbündelung und -Lenkung auch die Aufgabe, das Orgelinnere vor Verschmutzung zu schützen.

Der eigentlichen Orgel in ihrem Gehäuse wird eine Schauseite, ein sog. *Prospekt*, vorgeblendet. Dieser ist meist im Stil seiner Entstehungszeit gestaltet und häufig aufwendig gearbeitet und verziert. Am Prospekt einer Orgel lässt sich eigentlich immer sehr leicht seine Entstehungszeit ablesen, was aber längst nicht immer auch Rückschlüsse auf das Alter der dahinter stehenden Orgel zulässt. Oftmals stehen hinter alten Prospekten deutlich jüngere Orgelwerke. Dieses "Recycling-Verfahren" hatte zumeist Kostengründe, denn ein aufwendig gestaltetes Gehäuse kann leicht die Kosten der eigentlichen Orgel überflügeln."

„Von *Spieltischen* spricht man, wenn die Spielanlage freistehend ist, also nicht mit dem Orgelgehäuse verbunden. Spieltische können direkt vor einer Orgel stehen (bei mechanischen und pneumatischen Trakturen) oder auch in beliebig großer Entfernung (bei elektrischen Trakturen). Die freistehenden Spieltische kamen allerdings erst in der zweiten Hälfte des 18. Jahrhunderts auf. Vorher verfügten die Orgeln entweder über sog. *Spielschränke* oder

Spieltafeln, die direkt mit der Orgel verbunden waren, also entweder an deren Vorderseite oder, seltener, seitlich oder an der Hinterseite in den Gehäusesockel eingelassen waren. Spielschränke sind im Gegensatz zu Spieltafeln etwas in den Unterbau der Orgel hineinversetzt und besitzen die Möglichkeit, mit Türen verschlossen zu werden."[79]
Die verschiedenen Orgelneubauten, Reparaturen und Umbauten der Orgel im Ebersdorfer Saal lassen sich anhand der Unterlagen im Archiv recht gut zeitlich einordnen. In Bezug auf den Prospekt besteht keine 100prozentige Sicherheit, aber es besteht eine sehr große Wahrscheinlichkeit, dass es von der Orgel aus dem Ebersdorfer Schloss stammt.
Die Orgel ist im Laufe der Zeit durch Neubau und Erweiterungen immer größer geworden. Entsprechend musste auch das Gehäuse größer werden. Die Gestalt und die Maße des Orgel-Gehäuses im Jahr 2016 sind in den folgenden Abbildungen dargestellt.

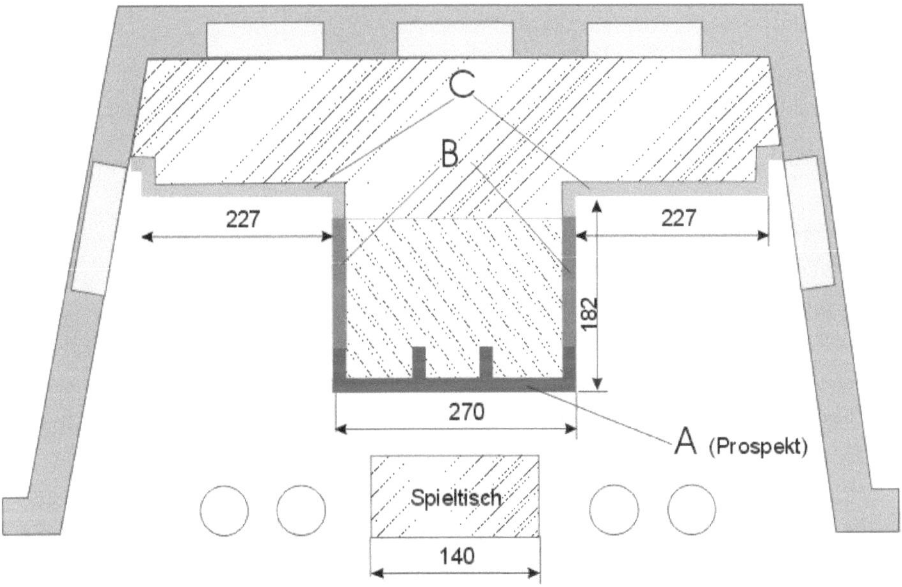

Bild 7: Grundriss der Orgel

[79] http://www.orgelauskunft.de – hier findet man eine sehr anschauliche Einführung in die Funktionsweise einer Orgel

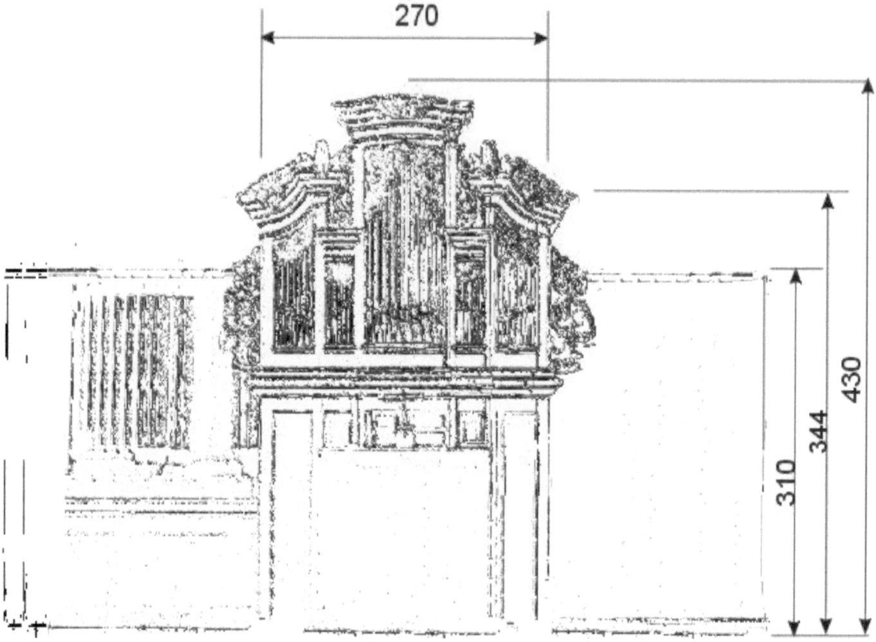

Bild 8. Vorderansicht der Orgel

Bei genauerer äußerlichen Betrachtung des Gehäuses stellt auch der Laie fest, dass die verschiedenen Teile aus unterschiedlichen Zeitepochen stammen. Man erkennt es an der Ausführung der Holzarbeiten, z.B. der Schmuckelemente (Zierleisten, Türbeschläge). Wenn man einen Blick ins Innere des Gehäuses wirft, wird diese Erkenntnis bestätigt. Man sieht, dass das Holz unterschiedlich bearbeitet wurde und dass die einzelnen Holzteile im Laufe der Zeit unterschiedlich stark gedunkelt sind. Das bestätigt, dass die Frontseite, also der Prospekt, der älteste Teil des Gehäuses (A) ist. Die Seitenteile (B und C) wurden bei einer späteren Vergrößerung bzw. Umsetzung der Orgel angefügt. Später wurden auch noch die Wände (D) erforderlich, um die größer gewordene Orgel aufzunehmen.

Die erste Orgel wurde 1756 im Saal eingebaut. Nach den gewonnenen Erkenntnissen stammte sie aus dem Ebersdorfer Schloss. Sie wurde schon 4

Jahre später nach Weisbach verkauft. Damit müsste eigentlich die Legende, dass zumindest der Prospekt der jetzigen Ebersdorfer Brüdergemein-Orgel aus dem Schloss stammt, ad acta gelegt werden. Es spricht aber sehr vieles dafür, dass nicht die komplette Orgel, sondern nur das Innenleben, verkauft wurde, der Prospekt aber in Ebersdorf verblieben ist.
Dafür kann es mehrere Gründe gegeben haben.
Auf Seiten der Brüdergemeine: Die neue Orgel war bereits in Auftrag gegeben und benötigte ebenfalls einen Prospekt. Warum nicht den vorhandenen behalten? Zum einen aus Kostengründen, zum anderen aus Pietät. Denn der Prospekt stellte eine Erinnerung an die Gründungszeit der Gemeine dar. Vielleicht fürchtete die Gemeine auch, den Grafen zu verärgern, wenn sie die erst 10 Jahre vorher geschenkte Orgel verkauft. Die Weiternutzung des Prospektes könnte dann als Geste zu verstehen sein, dass die Gemeine das Geschenk würdigt, wenn auch die Orgel ungeeignet ist.
Auf Seiten der Kirche Weisbach: Der Prospekt konnte wegen der räumlichen Bedingungen nicht verwendet werden.
Die Weisbacher Kirche ist eine relativ kleine Dorfkirche mit rechteckiger Grundfläche. Sie wurde vermutlich schon im 13. Jahrhundert erbaut und 1670 gründlich umgebaut. Die beiden Emporen wurden später errichtet. Das genaue Jahr ist unbekannt, aber 1760, als die Ebersdorfer Orgel eingebaut wurde, waren sie wahrscheinlich noch nicht vorhanden. Der Platz in der Kirche war also knapp. Er wäre durch die Orgel noch weiter reduziert worden, da man dann auf einige Sitzreihen hätte verzichten müssen. Vermutlich aus diesem Grund fand die Orgel ihren Platz vorn links neben dem Kanzel-Altar. Dort wäre zwar ausreichend Platz für den 4,30 Meter hohen Ebersdorfer Prospekt vorhanden. Ein plausibler Grund, trotzdem auf den Prospekt zu verzichten, könnte darin bestehen, dass der Prospekt dann neben dem Altar zu dominant gewirkt hätte. Also wird man vermutlich ein bescheideneres Gehäuse gebaut haben. Praktisch war die Trennung von Prospekt und Prospektpfeifen problemlos möglich, und auch der in Ebersdorf zurückgebliebene Prospekt konnte ohne weiteres neu bestückt werden.
Von Orgelbaumeister Schmaltz erfahren wir leider nicht, ob er 1761 einen neuen Prospekt baute oder einen vorhandenen verwendete. Er schreibt in

seiner Disposition, dass das Prinzipal-Register "ins Gesichte" solle, was bedeutet: in den Prospekt. Dazu passt die Bemerkung "muß blanck polirt seyn." Dieselbe Festlegung traf er für das Register Menschenstimme.[80] Damit bleibt aber ungeklärt, ob diese Pfeifen in einen vorhandenes Prospekt gesetzt wurden, oder ob Schmaltz den Prospekt selbst anfertigte. Sicher scheint jedoch, dass bei der Orgel von Schmaltz bespielbare Pfeifen im Prospekt standen.

Aus den 1761 geleisteten Arbeiten Ebersdorfer Handwerker (8 Tage Arbeit für den Tischlergesellen, zusätzlich Zimmermanns-Arbeit) und den Ausgaben für Bretter, Nägel, Schrauben, Bolzen, Farbe (6 Pfund Bleiweiß, Metallsilber) kann man schließen, dass Schmaltz mit Hilfe der Ebersdorfer Handwerker umfangreichere Arbeiten am Gehäuse der Orgel ausgeführt hat, aber wohl nicht den Prospekt selbst hergestellt hat. Man kann annehmen, dass die Gehäuseteile B (s. Bild 7) hergestellt wurden. Dafür spricht besonders eine Rechnung des Tischlers Gottfried Pantzer u.a. über 4 Türen (s. Anlage 5). In den Gehäuseteilen B befinden sich 4 Türen. Für die Anfertigung eines kompletten neuen Prospektes findet sich in den Rechnungen kein Beleg. Schmaltz hat für seine anderen Orgeln gewöhnlich den Entwurf des Prospektes angefertigt, die eigentlichen Arbeiten aber von einen Holzbildhauer ausführen lassen.[81]

Bei der nächsten größeren Reparatur durch Wiegleb 1775 bestand kein Grund, etwas am Prospekt zu ändern.

Orgelbauer Adam Eifert schreibt in der Disposition für seine neue Orgel 1877, dass er lediglich zwei Register (Subbass und Violonbass) aus der Vorgängerorgel übernehmen will. Ebenso soll das Gehäuse weiter verwendet werden. ("Das alte Gehäuse wird beibehalten, die Prospectpfeifen bleiben stumm und werden neu polirt.") Damit kann nur gemeint sein, dass die - wie wir wissen, vorher bespielten - Prospektpfeifen jetzt in stumme umgewandelt wurden. Der Prospekt wurde also nur noch als Schmuckelement mit den vorhandenen Pfeifen genutzt. Die neue Orgel wurde einfach dahinter gesetzt. Organist Bock hatte in seinem Gutachten dann auch bemängelt, dass man einem solch teuren Werk kein neues entsprechendes Gehäuse gegeben hat.

---

[80] Das Register „Menschenstimme“ - „Voce umana“ ist bei italienischen Orgeln des 16. bis 18. Jahrhunderts ein 8‘ Prinzipal-Register.

[81] s. Kramer, B.: Johann Stephan Schmaltz, 2015

Als 1917 im Zuge der Erschließung von Metallreserven für den Krieg auch die Ebersdorfer Orgelpfeifen beschlagnahmt wurden, war ausdrücklich (nur) von den zinnernen Prospektpfeifen die Rede. Vielleicht hatte man damals doch Rücksicht darauf genommen, dass die Orgel noch spielbar bleibt, und nur die Prospektpfeifen, die lediglich eine optische Funktion hatten, zum Einschmelzen vorgesehen.
Die nächsten größeren Eingriffe in die Orgel erfolgten 1932 durch die Firma Walcker. Hierüber erfahren wir aus dem Jahresbericht: "Natürlich ist auch das Gehäuse wieder hergestellt ... worden". Das vorhandene Gehäuse ist also weiter verwendet worden, wurde aber um den hinteren Teil mit den Jalousien erweitert. Die Prospektpfeifen wurden von Walcker durch neue, bespielte, ersetzt. Ein vermutlich aus dem Jahr 1956 stammendes Foto der Orgel dürfte damit die Prospektansicht nach dem Walcker-Umbau zeigen.
Auch die letzte Instandhaltung 1991 durch Schüßler brachte keine Veränderung an der Holzkonstruktion des Gehäuses. Allerdings zeigt ein Foto aus unseren Tagen, dass im Prospekt jetzt wiederum andere Pfeifen als 1956 stehen. Diese Veränderung kann dann nur 1991 erfolgt sein. Auf jeden Fall handelt es sich zum jetzigen Zeitpunkt bei den Prospektpfeifen um klingende Pfeifen.

Insgesamt kann festgestellt werden, dass eine hohe Wahrscheinlichkeit dafür besteht, dass der jetzt im Saal befindliche Prospekt von der ersten Orgel stammt - derjenigen die sich einst im Kirchensaal des Schlosses befand und deren erstmalige Erwähnung aus dem Jahr 1738 datiert. Ob diese Orgel damals neu für die Herrnhuter Gemeine im Schloss gefertigt wurde oder ob sie von einem anderen Ort umgesetzt wurde, ist nicht bekannt. Somit kann auch nichts über das Alter des Prospektes gesagt werden, außer dass er mindestens 280 Jahre alt ist.

Die folgenden drei Fotos zeigen die Orgel im Saal in einem Zeitraum von 120 Jahren: 1896, 1956 und 2016. Beim genaueren Hinsehen entdeckt man einige Unterschiede:

Bild 9: Die Orgel 1896, geschmückt zum 150. Jubiläum der Gemeine

Bild 10: Die Orgel etwa 1956

1896 ist der Spieltisch noch etwas schmaler. Auch die Brüstung des Raumes für den Kirchenchor hat ein anderes Aussehen.
Deutliche Unterschiede gibt es bei den Pfeifen im Prospekt: 1896 waren 51 Pfeifen sichtbar, deren Labien[82] V-förmig angeordnet waren. Auf dem Foto von 1956 zählt man 37 Pfeifen mit waagerechten Labien. Auch 2016 stehen 37 Pfeifen im Prospekt, aber es sind andere, denn die Labien sind wieder V-förmig angeordnet.

Bild 11: Die Orgel im Jahr 2016

[82] Mit Labium bezeichnet man die „Lippe“ der Lippenpfeifen (Labialpfeifen)

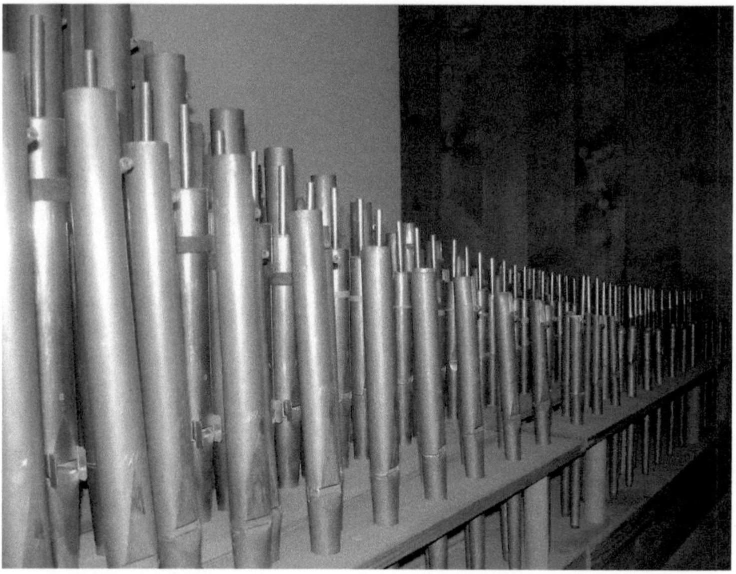

Bild 12: Innenleben 1

Bild 13: Innenleben 2

14. Die Orgel im Brüderhaus

Wie eingangs erwähnt, waren früher (und sind auch noch heute) die Mitglieder der Brüdergemeine nach Alter, Geschlecht und Familienstand in die sogenannten Chöre eingeteilt. Die größten Chöre waren über lange Zeit die "ledigen Schwestern" und die "ledigen Brüder". Etwa bis Ende des 19. Jahrhunderts wohnten und arbeiteten die ledigen Brüder im Brüderhaus, in den Blütezeiten waren es etwa 100 Personen. Ledige Schwestern waren stets etwas zahlreicher. Bis zu 150 lebten im Schwesternhaus. In beiden Häusern gab es die sogenannten Chorsäle, in welchen sich die Brüder bzw. die Schwestern zu ihren Versammlungen trafen. Der Chorsaal des Brüderhauses befand sich in den Anfangsjahren im jetzigen Haus 11/12 in der Lobensteiner Straße im 2. Stock. 1784 erbauten die Brüder ein neues Gebäude am Pohligweg, den sogenannten Flügel, mit Schlafsaal, Speisesaal und Chorsaal. Im September 1785 wurde das neue Haus bezogen. Der Schlafsaal im 2. Obergeschoss erstreckte sich über die gesamte Etage. Im 1. Obergeschoss befand sich der Chorsaal. Er nahm fast die Hälfte der Etage ein und war mit etwa 16 mal 10 m = 160 m² reichlich doppelt so groß wie der bisherige Chorsaal.[83] Ob im alten Chorsaal eine Orgel vorhanden war, ist unbekannt. Es ist, schon aus Platzgründen, eher unwahrscheinlich. 1776 wurde lediglich ein neues Fortepiano erwähnt. Aber in den neuen Chorsaal wurde 1789 durch Christoph Treutmann aus Magdeburg eine Orgel eingebaut[84], die am 13.5. desselben Jahres eingeweiht wurde[85].

Wie intensiv die Orgel genutzt wurde, ist nicht bekannt. In den Diarien des Brüderhauses wird häufig von musikalischen Einsätzen geschrieben. Wenn überhaupt Instrumente dabei erwähnt werden, sind es meist Violinen und

[83] Zum Vergleich: Der heute noch existierende Chorsaal im "Emmaus", dem ehemaligen Schwesternhaus, ist etwa 122 m² groß.

[84] "Den 8.April 1789 langte Herr Treutmann aus Magdeburg hier an, welcher auf unserm Chorsaal eine neue Orgel gebaut und nun sie auf sezen wird, weswegen die Chorversammlungen ausfallen müssen." (Diarium der ledigen Brüder am 8.4.1789) - Es handelt sich hierbei um den Orgelbaumeister Treutmann III, den dritten in der Reihe Magdeburger Treutmann-Orgelbauer, mit vollem Namen Stephan George Christoph Treutmann, der etwa von 1750 bis 1795 lebte.

[85] "Den 13.Mai 1789 wurde unsre neugebaute Orgel auf unserm Chorsaale abends um 1/2 9 Uhr mit einer kleinen Singstunde eingeweihet, und dem Heiland auch dafür herzlich gedanckt." (Diarium der ledigen Brüder am 13.5.1789)

Posaunen. Auch wurde viel gesungen. Es ist des öfteren von einem Choro Musico die Rede. Die Tätigkeit der Musikanten wurde jährlich durch ein eigenes Liebesmahl gewürdigt. Die Orgel oder ein Organist werden nur im Zusammenhang mit den unvermeidlichen Instandsetzungsarbeiten genannt. So steht im Diarium des Brüderhauses am 20. Oktober 1858: "Im Lauf des Herbstes hat unsere Chorsaalorgel einen neuen Anstrich und Vergoldung erhalten, nachdem der vorige schmutzig gelbe Anstrich ziemlich unscheinbar geworden war." Und im November 1851 vermerkt der damalige, namentlich unbekannte Schreiber des Diariums: "Die Orgel im Brüderchorsaal ist von einem Herrn Bock gründlich repariert worden. Inzwischen kann ich nicht sagen, daß sie seit der Zeit meinen Ohren wohlgefälliger klingt, - mag auch an den Spielern liegen."

Im Laufe der Zeit fand die seit ca. 1740 praktizierte Form des Zusammenlebens in einem Brüderhaus, mit Werkstätten, Speisesaal und Schlafsaal, immer weniger Anklang. Die Anzahl der dort wohnenden Brüder verringerte sich im 19. Jahrhundert, und in der Folge auch die Anzahl der im Brüderhaus veranstalteten Versammlungen. Deshalb trug sich der Ältestenrat im Jahr 1890 mit dem Gedanken, die Orgel wegzugeben, da sie seit Jahren kaum benutzt wurde. Man dachte zunächst an die Brüdergemeine Neuwied am Rhein und hoffte von dieser Gemeine 1500 Mark und als Ersatz ein Harmonium zu erhalten[86]. Dieses Geschäft kam aber nicht zu Stande und die Orgel verblieb im Brüderhaus. 1897 wurde die bisherige Funktion des Brüderhauses ganz aufgegeben. Am 29. August fand zum letzten Mal eine Versammlung im dortigen Chorsaal statt. Im Herbst 1897 wurde das ganze Haus mit Speisesaal, Chorsaal und Schlafsaal zu Familienwohnungen umgebaut.

[86] "Orgel auf Brüderhauschorsaal wird von Neuwieder Brüderhaus zu kaufen gesucht, zuerst Erkundigungen eingezogen btr. ihrer Ausdehnungen. Aufseher Coll. verlangt evtl. 1500 M und als Ersatz ein Harmonium (anständiges)! Brüderhaus nicht dagegen, da die Orgel 1 totes Capital ist und die Brüderchorversammlungen auch im großen Saal gehalten werden können. (Diarium der led. Brüder am 3. Aug. 1890)

Deshalb beschloss der Ältestenrat, die Orgel nun allgemein zum Verkauf anzubieten und setzte folgende Anzeige in mehrere Zeitungen, wie "Herrnhut" und "Christenbote"[87]:

> In Folge des Umbaues des hiesigen Brüderhaus-Chorsaales soll die in demselben befindliche Orgel unter sehr günstigen Bedingungen vergeben werden. Das kleine Werk mit einem Manual, einem Pedal, einem Spieltisch und 8 klingenden Stimmen ist aus gutem Material gefertigt und würde, nach einer entsprechenden Reparatur in einer kleinen Kirche, resp. Betsaal noch gute Dienste leisten.
> Dispos. der Orgel:
> Manual: Princip. 4';Gambe 8'; Hohlflöte 8'; Rohrfl. 4'; Liebl. Gedackt 8'; Salic. 8';
> Pedal: Bass 8'; Subbass 16'
> C. Schmitt., Vorsteher

Bild 14: Die Orgel im Chorsaal des Brüderhauses

[87] "Ältestenrat beschließt einstimmig, daß die Orgel des Brüderhaus-Chorsaals zum Verkauf angeboten werde in zu diesem Zwecke geeigneten Blättern wie Herrnhut, Christenbote (Ältestenrat am 28. Oktober 1897)

Die Höhe des Instruments wurde mit 3,20 m angegeben. Zwei weitere Maße 2,66 und 1,66 stellen vermutlich die Breite und Tiefe der Orgel dar. Aus dieser Zeit stammt ein Foto der Orgel. Die Raumhöhe in der Chorsaal-Etage des Brüderhausflügels beträgt 3,40 m. Da die Orgel auf dem Foto bis an die Decke reicht, kann man folgern, dass sie auf einem niedrigen Podest gestanden hat.

Aber es fand sich kein Käufer. Die Orgel wurde zerlegt und blieb einige Jahre in einer Bodenkammer des Brüderhauses liegen. Dann bot man sie auch den überseeischen Missionsstationen der Brüdergemeine an, speziell der Gemeine in Paramaribo in Suriname. Auf diese Weise hatte schon die seit Jahren ungenutzte Glocke des Brüderhauses einen neuen Einsatzort in einer Missionsstation in Suriname gefunden. 1913 bat Br. Lehmann von der Südstadtgemeine in Paramaribo, ihnen die Orgel kostenlos zu überlassen. Der Ältestenrat wollte sie ihm gern zur Verfügung stellen, "sofern der hiesigen Gemeine keine Kosten daraus erwachsen."[88] Da aber in den nächsten Jahren keine weitere Nachricht aus Suriname kam, beschloss der Ältestenrat im Februar 1916, dass die Metallteile der Orgel "zum Besten der Metallsammlung des Reiches" verkauft werden sollen[89].

Einige Monate später meldete sich aber doch die Südstadtgemeinde aus Paramaribo und bestätigte ihr Interesse an der Orgel. Der Ältestenrat konnte nun nur noch mitteilen, dass die Orgel mittlerweile der Kriegsmetallsammlung überlassen worden war, da seit Jahren keine diesbezüglichen Nachrichten hier eingegangen waren[90].

---

[88] Ältestenrats-Protokoll vom 22. April 1913

[89] "Die Reste der Orgel in der Bodenkammer des Brüderhauses sollen zum Besten der Metallsammlung des Reiches verkauft werden." (Ältestenrat am 21. Februar 1916)

[90] Ältestenrat 21. August 1916

15. Andere Musikinstrumente in der Brüdergemeine Ebersdorf
In der Brüdergemeine wird seit jeher viel musiziert. Schon die mährischen Glaubensflüchtlinge, die 1722 nach Herrnhut kamen, brachten ihre Instrumente mit, hauptsächlich Blechblasinstrumente. In der Brüdergemeine entstanden die ersten Posaunenchöre überhaupt. Auch in Ebersdorf gab es frühzeitig Bläser. Seit dem Jahr 1754 ist belegt, dass es einen Posaunenchor gab.[91]
Neben Posaunen und Orgel gab es schon zu dieser Zeit eine vielfältige musikalische Betätigung. So wurde am 15. August 1751 "bei einem Liebesmahl eine Cantate musicirt". Am 23. September 1751 "hatten sie nachmittags auf dem kleinen Saal ... ein Liebesmahl, wobey sie das erste mal aus ihren eigenen Mitteln sowohl vocal- als Instrumental-Music besorgten".
1760 wurde ein Collegium Musicum in der Ebersdorfer Gemeine ins Leben gerufen,[92] welches über mehrere Jahrzehnte Bestand hatte. Aus dem Jahr 1787 gibt es eine Auflistung der Instrumente im Besitz des Collegiums (weitere Instrumente befanden sich vermutlich in Privatbesitz): 5 Violinen, 2 Violen, 2 Violoncello, 1 Violon, 1 paar Dis Waldhörner, 1 paar F Waldhörner, 2 paar Trompeten, 1 Chor alte Posaunen, bestehend aus einer Discant-, Alt-, Tenor- und Bass-Posaune, 1 Chor dergl. neue Posaunen, 1 altes Fagott.
In der Gemeine wurden viele Feste und Gedenktage gefeiert. Daneben hatten noch die einzelnen Chöre ihre eigenen Festtage. Alle diese Feste wurden mit religiösen Versammlungen, aber auch viel Gesang und Instrumental-Musik begangen. So berichtet z.B. das Diarium der ledigen Brüder, wie ihr Chortag am 12. Mai 1776 gefeiert wurde:
"d. 12. als zu unserm Gemeinfest weckten wir auf unserm Schlafsaal mit Violinen, darauf weckten wir die übrigen Geschwister mit Posaunen. Wir begingen dieses Fest mit der übrigen Gemeine vergnügt mit einem Festmorgensegen, Predigt, Liebesmahl, Gemeinstunde und dem

---

[91] „Den 1. Sept. 1754 machte man den Anfang, die Heimgänge durch Posaunen der Gemeine anzuzeigen, welches mit dem Heimgang der ledigen Schwester Susanne Apeltin zuerst geschahe." (Chronik)

[92] Br. Heinke fängt das Collegium Musicum an und weil Sonntag der beste Tag dazu ist und die Brüder frey sind so wird er den Anfang dazu machen. (Amts-Conferenz am 7. Februar 1760)

Bundeskelch. Nach allem machten wir noch eine kleine Music auf dem Platz mit Violinen, wozu einige Brüder Choräle sangen."

Mehrmals sind in diesem Text über die Orgel auch Clavire, Flügel und Fortepiano erwähnt.
Dabei ist zu beachten, dass es sich bei den damals eingesetzten Instrumenten um Vorstufen des Klaviers handelte, die mit den heutigen Instrumenten teilweise wenig Ähnlichkeit hatten. Die Bezeichnung "Clavir" leitet sich vom lateinischen Wort "clavis" ab, welches Schlüssel und im übertragenen Sinne auch Taste bedeutet. Clavir wurde allgemein für ein beliebiges Tasteninstrument oder eine Tastatur verwendet. Später meinte man damit meist einen der Nachfahren des gegen Ende des 17. Jahrhunderts erfundenen Hammerklaviers. Beim Hammerklavier werden auf Tastendruck über eine spezielle Mechanik Hämmerchen gegen Saiten geschlagen. Da es durch diese Technik im Unterschied etwa zum Cembalo möglich wurde, laut (forte) und leise (piano) zu spielen, nannte man dieses Instrument Pianoforte oder seltener auch Fortepiano.
In dem oben aufgeführten Bericht von Weinel sind zwei "Clavire von Cont. J (?) bis F''' mit 4 Registern" erwähnt. Dabei dürfte es sich um Cembali gehandelt haben. Das Cembalo besitzt Metallsaiten, die durch Federkiele angerissen werden. Anders als beim Klavier beeinflusst der Anschlag die Tonlautstärke nicht. Wie eine Orgel kann ein Cembalo aber Register, d. h. verschiedene aus- und einschaltbare Sätze von Saiten haben. Dadurch lässt sich der Klang in Lautstärke und Farbe verändern. Ein Cembalo mit 4 Registern hat 4 separate Sätze Seiten mit unterschiedlicher Klangfarbe.
Bei dem 1747 erwähnten Forte Piano auf dem Saal dürfte es sich um ein Hammerklavier oder Hammerflügel gehandelt haben, möglicherweise auch um einen aufrechtstehenden Flügel, einen Pyramidenflügel. Denn wie aus dem Kontext hervorgeht, stammte das Instrument von Friederici, dem Erfinder des Pyramidenflügels. Vermutlich dasselbe Instrument wird im November 1756 nochmals mit etwas veränderter Bezeichnung erwähnt. Der Hofrat

Bretschneider meldete sein Interesse für das "Clavesir" an, das jetzt wegen der neuen Orgel im Saal nicht mehr gebraucht würde. [93]

Ein "Claviseng", wie der Name vermuten lässt ebenfalls ein Tasteninstrument, ist Anfang 1749 im Protokoll erwähnt. Es soll aus Gera geholt werden.[94] Eine Erklärung für den Begriff "Claviseng" konnte nicht gefunden werden. Und auch wo dieses Instrument damals seinen Platz fand, ist nicht bekannt.

Ein weiteres Musikinstrument ist 1765 erwähnt. Am 10. Okt 1765 beschloss die Helfer-Conferenz: "Das Pandalong vom Sälgen soll an einen schicklichen Ort im großen Saal gesetzt werden. Es wurde vorgeschlagen, daß der beste Plaz dem Ordinarius gegenüber sey." An diesem Platz befindet sich seit 1790 der Anbau mit der Orgel. Damals stand die Orgel in der Saalecke auf der Brüderseite und in der Saalwand gegenüber dem Liturgustisch befand sich vermutlich ein Fenster.
Das erwähnte Pandalong ist ein interessantes Instrument. Es wird meist Pantalon genannt nach dem Vornamen seines Erfinders. Pantaleon Hebenstreit wurde 1714 in Dresden zum Hofkapellmeister bei August dem Starken ernannt. Sein Instrument war ein übergroßes Hackbrett, welches Hebenstreit mit akrobatischen Fähigkeiten und höchster Perfektion beherrschte. Es war mit Darm- und Metallsaiten bespannt und wurde mit verschiedenen Hämmern gespielt. Sein Instrument ließ sich Hebenstreit von Gottfried Silbermann bauen. Später wurde der Begriff Pantalon auch auf Klavierinstrumente angewandt, da man versuchte, das Hackbrett durch eine Mechanik auch Klavierspielern zugängig zu machen.
In welcher Ausführungsform das "Pandalong" in Ebersdorf existierte, ist leider nicht zu ermitteln.

---

93 "Der Hofrath Bretschneider hat aus Commission wegen unsers Clavesirs angefragt: ob wirs weil wir doch iezt eine Orgel hätten, verkaufen wollten? Es soll aber erst näher überlegt indeß aber v. Br. Gehra sich um den gegenwärtigen Werth desselben erkundigt werden." (Amts-Conferenz am 26. Nov. 1756)

94 "Br. Gottlieb der nun nachdem 2 von den Gemein-Pferden verkauft sind nichts eigentlich zu thun, auch nichts zu leben hat muß besorgt werden. Er soll wo möglich nächst kommende Woche mit seinem Schimmel das Claviseng von Gera holen." (Amts-Conferenz am 17. Januar 1749)

Einige interessante Musikinstrumente, die in früheren Zeiten in der Brüdergemeine gespielt wurden, befinden sich jetzt in den Räumen des Ausstellungs- und Begegnungszentrums Johann Amos Comenius im ehemaligen Brüderhaus. Es sind unter anderem

- ein Klappenhorn aus dem 18. Jahrhundert,
- ein Waldhorn, etwa aus dem Jahr 1810,
- ein Barockfagott aus dem 18. Jahrhundert und
- ein sehr kleines Harmonium, etwa aus dem Jahr 1850.

16. Das Claviorganum

Ein besonders interessantes Instrument, welches einst im Besitz der Brüdergemeine war, ist das Claviorganum. Es steht heute im Grassi-Museum Leipzig, im Museum für Musikinstrumente der Universität Leipzig. In der Online-Datenbank des Museums ist das Instrument wie folgt beschrieben:

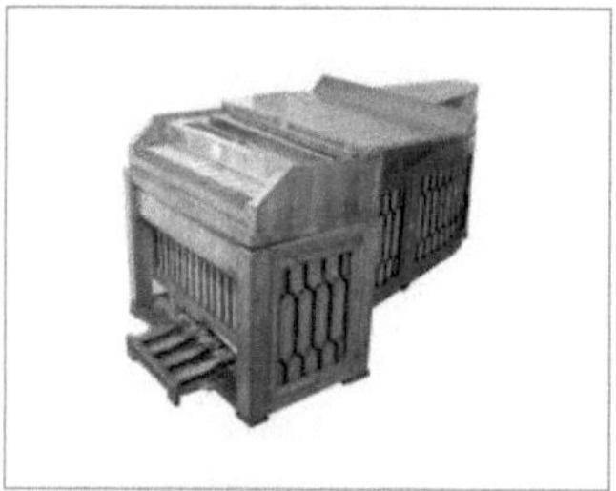

© Museum für Musikinstrumente der Universität Leipzig

GRASSI MUSEUM FÜR MUSIKINSTRUMENTE der Universität Leipzig

Claviorganum

Christian Gottlob Friederici
Anfang 19. Jahrhundert
Gera/Thüringen/Deutschland/Europa
Museum für Musikinstrumente der Universität Leipzig
Keyboard instruments / Harpsichords / Claviorgan

Inventory Number : 231

Description : Das stattliche Instrument ist in Lärche furniert. Die Füllungen des Unterbaus, in den das Orgelwerk eingebaut ist, sind durchbrochen und mit grüner Seide hinterspannt. Inmitten des Vorsetzbrettes über der Klaviatur ist ein kleines Glasschild mit Messingeinfassung angebracht. Der Flügel hat im Bass zweichörige, im Diskant (von b1 ab) dreichörige Besaitung und deutsche Mechanik mit Messingkapseln und Auslösung. Zur linken Seite über der Klaviatur befindet sich ein sog. "Fagottzug", der durch Auflegen einer mit einer Papierrolle besetzten Leiste auf die Basssaiten wirkt. Von den vier vorhandenen Pedalen ist das zweite ein Piano-, das dritte ein Fortezug für das Hammerwerk. Mittels zweier zu beiden Seiten an den Klaviaturbacken angebrachten Schieber kann das Hammerwerk abgestellt werden, so dass das Orgelwerk, das aus einem Register gedeckter Holzpfeifen im 8-Ton besteht, dann allein benutzbar ist. Das Gebläse wird durch das vierte Pedal vom Spieler selbst bedient, während mittels des ersten Pedals, das mit einem sogenannten "Sperrventil" in Verbindung steht, die Windzufuhr abgestellt, das Orgelwerk also sofort ausgeschaltet werden kann. Unterhalb der Klaviatur sind außerdem zwei Züge angebracht, die getrennte Anwendung von Bass und Diskant des Orgelwerks gestatten. Umfang der Klaviatur: Contra-F - c4 (fünf Oktaven und Quinte). Die Untertasten sind mit Ebenholz, die Obertasten mit Bein belegt.

Literature references : Georg Kinsky: Musikhistorisches Museum von Wilhelm Heyer in Cöln, Bd. 1, Köln 1910, S. 202.

Measurements : Länge: 2,17 m, Breite: 1,05 m, Höhe: 96 cm

Es wird also dem Geraer Orgelbauer Christian Gottlob Friederici zugeschrieben und auf Anfang des 19. Jahrhunderts datiert. Die obige Beschreibung gibt als Quelle den Katalog von Georg Kinsky über das Musikhistorische Museum von Wilhelm Heyer aus dem Jahr 1910 an.
Der Kölner Papierfabrikant Heyer gründete 1902 seine Sammlung und ließ 1905 ein eigenes Haus dafür bauen. 1913 öffnete das "Musikhistorische Museum Wilhelm Heyer" seine Pforten für das Publikum. Nach dem Tod Heyers im Jahr 1913 blieb das Museum noch mehrere Jahre bestehen. Im Jahre 1926 wurde der komplette Bestand an die Universität Leipzig verkauft.
In dem 1910 herausgegebenen Katalog der Sammlung ist des Eberdorfer Instrument abgebildet und wie folgt beschrieben:

No. 231. Claviorganum (Hammerflügel mit Orgelwerk),
ohne Namen des Erbauers, aber anscheinend eine Arbeit von C.G. Friederici in Gera aus dem Beginn des 19. Jahrhunderts. - Das stattliche Instrument ist in Lärche fourniert. Die Füllungen des Unterbaus, in den das Orgelwerk eingebaut ist, sind durchbrochen und mit grüner Seide hinterpannt. Inmitten des Vorsatzbrettchens über der Klavatur ist ein kleines Glasschild mit Messingeinfassung angebracht.
Der Flügel hat im Baß zweichörige, im Diskant (von b' ab) dreichörige Besaitung und deutsche Mechanik mit Messingkapseln und Auslösung. Zur linken Seite über der Klavatur befindet sich ein sog. "Fagottzug", der durch Auflegen einer mit einer Papierrolle besetzten Leiste auf die Baßsaiten wirkt. Von den vier vorhandenen Pedalen ist das zweite ein Piano-, das dritte ein Fortezug für das Hammerwerk. - Mittels zweier zu beiden Seiten an den Klavaturbacken angebrachten Schieber kann das Hammerwerk abgestellt werden, so daß das Orgelwerk, das aus einem Register gedeckter Holzpfeifen im 8'-Ton besteht, dann allein benutzbar ist. Das Gebläse wird durch das vierte Pedal vom Spieler selbst bedient, während mittels des ersten Pedals, das mit einem sog. "Sperrventil" in Verbindung steht, die Windzufuhr abgestellt, das Orgelwerk also sofort ausgeschaltet werden kann. Unterhalb der Klaviatur sind außerdem zwei Züge angebracht, die getrennte Anwendung von Baß und Diskant des Orgelwerks gestatten. - Umfang der Klaviatur: Contra-F - c' (fünf Oktaven

und Quinte). Die Untertasten sind mit Ebenholz, die Obertasten mit Bein belegt.
Länge 2,17 m, Breite 1,05 m, Höhe 96 cm.
Das durch seine vielseitigen Klangkombinationen sehr interessante Instrument stammt aus dem Brüderhause der Brüdergemeinde in Ebersdorf im Fürstentum Reuß.[95]

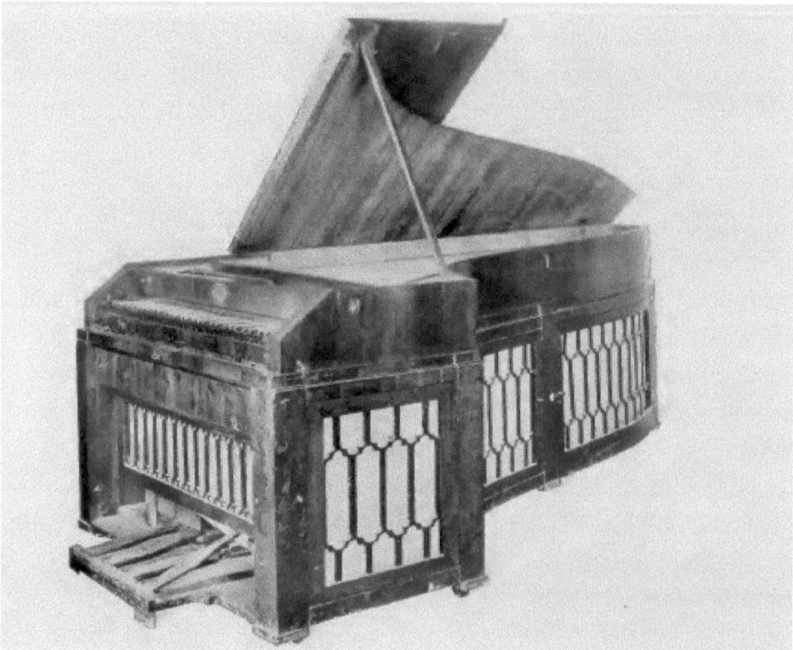

Aber Heyer hat dieses Instrument nicht von der Brüdergemeine erworben. Er hat 1905 unter anderem auch die Musikinstrumenten-Sammlung des in Leipzig lebenden Holländers Paul de Wit aufgekauft, der seit 1880 historische Musikinstrumente gesammelt hatte. Über diesen Weg ist das Ebersdorfer Instrument in die Heyersche Sammlung und schließlich in die Sammlung der Uni Leipzig gekommen. Darüber erfahren wir etwas aus einem Artikel über

[95] Georg Kinsky: Katalog des Musikhistorischen Museums in Köln, Köln 1910, S. 202f

den Orgelbauer Friederici in der "Zeitschrift für Instrumentenbau" aus dem Jahr 1904.[96]

Der Artikel endet wie folgt:

> Ehe ich diesen Artikel schließe, sei noch eines Flügels mit Orgelwerk gedacht, welcher zweifellos von demselben Meister zu Ende des 18. Jahrhunderts erbaut und von Herrn Paul de Wit für sein Musikhistorisches Museum in Leipzig angekauft worden ist. Der kürzlich erschienene Katalog bringt unter Nr. 1160 nachstehende kurze Beschreibung: "Der Flügel, 5 3/4 Oktaven umfassend und mit Hammermechanik, ruht auf einem kastenartigen Untergestell in Flügelform, in welchem das Orgelwerk eingebaut ist. Das Untergestell ist mit schön durchbrochenen und mit grüner Seide hinterlegten Füllungen ausgestattet. Das Instrument hat 4 Pedale: je ein Tritt für forte und Piano, 1 Tritt für das Orgelgebläse und ein Tritt zum sofortigen Ausschalten des Orgelwerkes. Außerdem befindet sich links über der Klaviatur ein Fagottzug. Soll das Orgelwerk allein spielen, so drückt man die auf beiden Klaviaturbacken angebrachten Schieber zurück. Das ganze Gehäuse ist aus Lärchenholz gearbeitet. Länge 120 cm, Breite 107 cm, Höhe 95 cm." Das interessante Instrument war früher Eigentum der Brüdergemeinde in Ebersdorf, Reuß jüngerer Linie, und ist eine lange Reihe von Jahren in dem dortigen Schwesternhause benutzt worden.

Im Unterschied zum späteren Heyerschen Katalog wird in dem Artikel Christian Gottlob Friederici "zweifellos" als Erbauer angegeben und die Entstehungszeit auf das Ende des 18. Jahrhunderts datiert. Dass aus dem "Schwesternhaus" im Artikel von Fischer im Katalog von Heyer ein "Brüderhaus" wurde, liegt sicherlich darin begründet, dass man sich ein Schwesternhaus in einer Brüdergemeine gar nicht vorstellen konnte. Für die Recherche im Ebersdorfer Archiv eröffnet dieser Hinweis aber ganz neue Quellen.

---

[96] Fischer, Emil: Ein zweiter Beitrag zur Geschichte der Orgel- und Klavierbauer Friederici in Gera, Zeitschrift für Instrumentenbau, Band 25, 1904-1905, Leipzig, S.128-130

Anhänge:

A. Zeitplan zur Orgel im Saal der Brüdergemeine Ebersdorf

1738	Einbau einer Orgel im Kirchsaal („Singesaal“) des Schlosses
1746	Einweihung des Saals im Gemeinhaus (ohne Orgel)
1756	Einbau "unserer alten Orgel" aus dem Kirchsaal des Schlosses
1760	Verkauf der Orgel nach Weisbach
1761	Einbau einer neuen Orgel durch Johann Stephan Schmaltz
1774	Reparatur und Erweiterung durch Georg Ernst Wiegleb
1790	Umsetzung und Ausbesserung durch Johann Gottlob Trampeli
1876	Einbau einer neuen Orgel durch Adam Eifert
1932	Reparatur, Modernisierung und Erweiterung durch Firma Walcker
1991	Reparatur und Umbau durch Hartmut Schüßler

B. In Ebersdorf tätige Orgelbauer

Am Bau bzw. bei Reparaturen an der bzw. den Orgeln im Saal der Brüdergemeine Ebersdorf sind verschiedene Orgelbaumeister tätig gewesen.

Georg Andreas Sorge (1703-1778)

Sorge wurde in Mellenbach in Thüringen geboren. Er erhielt schon im frühen Jugendalter Musikunterricht bei dem Hoforganisten Tischer in Schney und absolvierte ein Musikstudium, bei dem er herausragende musikalische Kenntnisse zeigte. Sorge war, wie auch Johann Sebastian Bach Mitglied in „Lorenz Christoph Mizlers Correspondierender Societät der musicalischen Wissenschaften“.

Sorge bestritt seinen Lebensunterhalt durch die Stelle eines Gräflich Reuß-Plauischen Hoforganisten in Lobenstein, die er von 1721 bis zu seinem Tode 1778 behielt. Er komponierte und machte sich besonders als Musiktheoretiker einen Namen.

Vorgemach
der musicalischen Composition,
oder:
Ausführliche, ordentliche und vor heutige Praxin
hinlängliche
Anweisung
zum
General-Baß,
Durch
welche ein Studiosus Musices zu einer gründlichen Erkänntniß aller in der Composition und Clavier vorkommenden con- und dissonirenden Grund-Sätze, und wie mit denenselben Natur- Gehör- und Kunst-mäßig umzugehen, kommen,
folglich nicht nur
ein gutes Clavier
als ein
Compositor extemporaneus
spielen lernen, sondern auch in der Composition selbst wichtige und gegründete Profectus machen kan.
Eröffnet von
Georgio Andrea Sorgio,
p. t. Gräfl. Reuß-Pl. Hof- und Stadt-Organisten zu Lobenstein.
Erster Theil.

Lobenstein, im Verlag des Autoris.

Der
in der
Rechen- und Meßkunst
wohlerfahrne
Orgelbaumeister,
welcher
die behörige Weite und Länge aller Orgelpfeifen,
ihren erforderlichen Raum,
die nöthige Metalldicke,
die Grösse der Cancellen und Canäle,
die accurate Abtheilung der Windladen, u. a. m.
genau erforschen und ausmessen kan.
Mit einer Application auf ein Werk von 35 Stimmen
und 3 Manualen;
Zum Nutzen des gemeinen Wesens,
wie auch
der Orgelmacher und Probisten neuerbaueter und reparirter Orgelwercke,
Nebst 5 Kupfer-Tafeln in Folio,
beschrieben
von
Georg Andreas Sorge,
Hoforganisten zu Lobenstein im Voigtlande.

Auf Kosten und im Verlag des Verfassers.

Johann Stephan Schmaltz (1715-1784)

Schmaltz wurde in Wandersleben geboren und lernte bei dem Gothaer Hoforgelmacher Thielmann. Ab 1740 baute mehr als 20 Orgeln in ganz Thüringen. Die einzige seiner Orgeln, die ohne wesentliche Veränderungen bis heute erhalten ist, steht in der St. Nikolaus-Kirche in Kornhochheim. Schmaltz lebte als "Fürstlich Schwarzburgischer Privilegierter Orgelmacher" in Arnstadt.

Georg Ernst Wiegleb (1735-1814)

Wiegleb entstammt einer weitverzweigten Orgelbauer-Familie in Oberfranken. Sein Großvater und Vater, seine Onkel, Brüder und Kinder waren Orgelbauer. Wieglebs Wirkungsstätten waren u.a. Bayreuth, Gefrees, Kulmbach, Neustadt/Aisch, Pegnitz, Wunsiedel .

Johann Gottlob Trampeli (1742-1812)

Johann Gottlob Trampeli übernahm 1764 gemeinsam mit seinem Bruder Christian Wilhelm die Orgelbau-Werkstatt seines Vaters Johann Paul Trampeli (ursprünglich Trampel). Er lebte und starb in Adorf/Vogtland und hat zahlreiche Orgeln, vorwiegend im Vogtland, gebaut.

Adam Eifert (1841-1910)

Eifert stammt aus Gebenau in Hessen. Auf seiner Wanderschaft kam er 1766 nach Stadtilm. Er heiratete die Tochter des Orgelbauers Witzmann und machte sich in Stadtilm mit einer eigenen Werkstatt selbständig. Bis 1907 baute er 141 neue Orgeln. Seine Werkstatt besteht heute noch als Orgelbau Schönefeld.

Firma E.F. Walcker & Cie.
Das Orgelbauergeschlecht Walcker wurde durch Johann Eberhard Walcker (1756-1843) begründet. Sein Sohn Eberhard Friedrich Walcker führte das Unternehmen fort, verlegte den Firmensitz nach Ludwigsburg und war einer der bedeutendsten Orgelbauer seiner Zeit. Nach seinem Tod führten die fünf Söhne die Firma weiter, ab 1916 die beiden Enkel Oskar und Eberhard. Unter derer Regie wurden vermutlich die Arbeiten 1932 in Ebersdorf ausgeführt.

Hartmut Schüßler (1930-2015)
Hartmut Schüßler gründete 1959 eine Orgelbauwerkstadt in Gehren/Thür., mit der er 1969 nach Greiz übersiedelte. In der DDR war er als privater Unternehmer in seinem Wirken eingeschränkt, z.B. war die Anzahl der Mitarbeiter limitiert. Er übernahm die Wartung, Instandsetzung und Restaurierung zahlreicher Orgeln und baute pro Jahr eine neue Orgel. 1997 ging er in den Ruhestand, die Werkstatt wurde von Thomas Wolf übernommen.

C Organisten der Ebersdorfer Brüdergemeine

Die Organisten haben dieses Amt meist ehrenamtlich oder als Nebenerwerb ausgeführt.
Einige von ihnen haben sich als Komponist einen Namen über Ebersdorf hinaus gemacht.

1760-67	Gottfried Baudiss (1738-1767), Knopfmacher-Meister und Organist
1767-74	Georg Christian Ludwig Strack, Lehrer in der Anstalt, Organist
1774-75	Peter Mortimer, Schulhalter und Organist
1775-77	Friedrich Brau, Schulhalter und Organist
1777-80	Christian David Jaeschke (1755-1827). Er war später 40 Jahre Organist in Herrnhut und ein bekannter brüderischer Komponist.
1780-82	Johann Ludwig Früauf, Lehrer und Organist
1883-92	Jahannes Sixtus, Knopfmacher und Organist
1792-96	Kleinschmidt / Schlegel
1797-1825	Georg Michael Menz, Schreiner, Lehrer der Knabenanstalt, Organist, Amtskopist, Rentmeister. Er ist auch als Komponist bekannt.
1825-55	Heinrich Leonhard Barthels, Postmeister und Organist
1855-65	Ernst Enkelmann, Buchbinder und Lederhändler
1865-70	Herrmann Baudert
1872-77	Adolf Menzel, Lehrer und Organist

1877-82	Paul Herrmann, Tischler, Fotograf, Organist
1883-84	Paul Sponar
1884-89	Ernst Immanuel Erbe (1854-1927). Er ging anschließend nach Amerika und ist auch als Komponist bekannt,
1889-1935	Paul Herrmann, Tischler, Fotograf, Organist
1935- ?	Nathanael Hickel, Kirchenrechner, Organist
? -1976	Ernst Enkelmann, Leder- und Schuhwaren-Händler
1976-82	Christiane Biedermann
1982 -86	Dieter Schulze , Verwaltungsleiter
1986	Schwester Römisch
1986-88	Herr Hopf
1988-96	Ulrike Brusch, Kantorin und Jugendmitarbeiterin
1997-2008	Reinhard v. Thaler, Anna-Katharina v. Thaler, Clementine Weiss, Christel Schulze, Elke Hasting
Seit 2008	Renate Stammler

Anlagen

1a Rechnung über Einnahm. und Ausgab. der Collection zur alten Orgel. Selbige zu repariren und im Gemein Saal aufsetzen zu lassen.
1b Ausgaben für die Orgel, Original-Dokument
1c Ausgaben für die Orgel, Übertragung

2 Bericht Weinel, Die Orgel, 1747

3a Accond wegen Orgel zw. Luedecke und Schmaltz, Original-Dokument
3b Accond wegen Orgel zw. Luedecke und Schmaltz, Übertragung

4 Rechnung über Milch zum Coffe, Zwieback und 1 Kanne Wein für den Orgelbauer

5 Rechnung über Tischlerarbeiten 1761

6 Rechnung Schmaltz 1761

7a Gutachten Wiegleb über die Orgel, Original-Dokument
7b Gutachten Wiegleb über die Orgel, Übertragung

8 Wartungsvertrag mit Trampeli 1790

9 Disposition und Kostenvoranschlag Eifert 1876

10 Quittung über 2685,- RM für Lieferung und Aufstellen der Orgel

11 Auszüge aus dem Werkbuch der Fa. Walcker

Anlage 1a

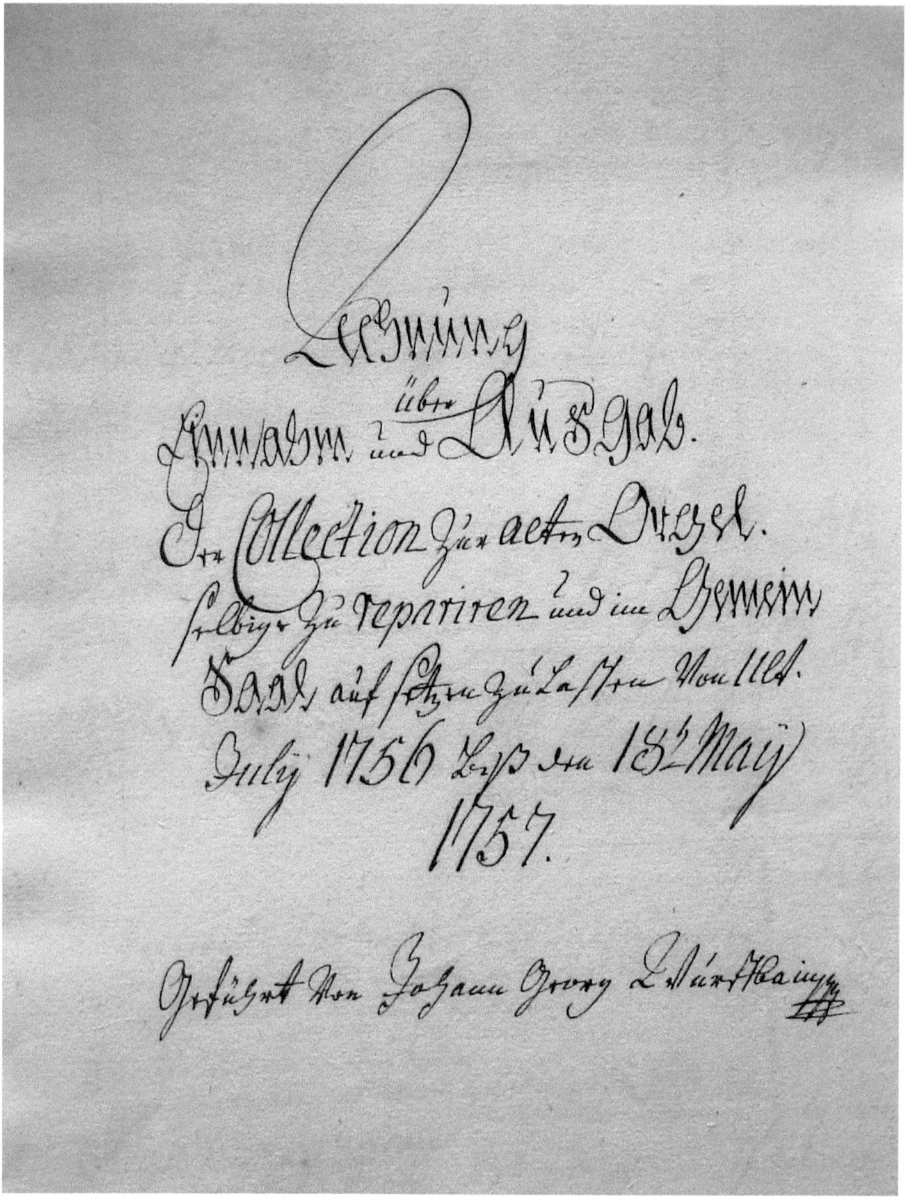
Rechnung
über
Einnahm und Ausgab.
der Collection zur alten Orgel.
selbige zu repariren und im Gemein
Saal auf setzen zu lassen Vom 11t.
Julij 1756 biß den 18t. Maij
1757.

Geführt von Johann Georg Würtheim

Anlage 1b

Ausgabe.

Vor die Alte Orgel, selbige zu Repariren und im Saal aufsetzen zu lassen 1756.

		Thlr	ggr	pf
	M: Julij			
d. 4t.	An Br: Hoffmann vor Leim	1	4	
Dito	zu 2. Scheffel Kalck zum Saal weißen	1	3	
d. 5t.	Vor 4. Schaaf Felle		20	
d. 22t.	Annoch vor 2 Stück dito		10	8
d. 31t.	An den Orgelbauer Sorge von Lobenstein vor seine Arbeit bezahlt	15		
dito	An Br: Küntzel Bothenlohn		2	
	M: Aug:			
d. 19t.	An Br: Küntzel vor Auslage vor den Orgelbauer vor Bier und Brandtwein		1	6
d. 24t.	An Br: Förster vor Schlosser Arbeit an der Orgel L: Q:	2	17	
d. 31t.	An Br: Kossner vor Arbeit an der Orgel L: Q:	2	5	9
	M: Sept:			
d. 9t.	Annoch vor 2. Kübel Kalck und Fuhrlohn nebst 2 gr: Trankgeld an den Pastor bezahlt	1		
d. 28t.	An Br: Förster bezahlt L: Q: vor Arbeit		12	
	M: Octbr.			
d. 2t.	An Mstr Maurer Nicol. Schmidt an Arbeitslohn im Br: Meinhauß L: Q:	12	13	9
d. 5t.	An Br: Klässer vor den Orgel machen bezahlt L: Q:	1	15	11
d. 11t.	Vor Schmidt Arbeit an der Orgel im led. Br: Hauß L: Q:	2	1	4
d. 16t.	An Br: Kossner an Tagelohn L: Q:	2	7	
	An die led: Schwestern vor scheuern des Saals u. Säälgen	4	4	
	Sa:	48	2	11

Transport

Ferner Außgaben 1756.

		Rthl.	gg.	₰
	Transport	48.	2.	11
d. 6t Novbr.	An den: Vogel vor Tagelohn an Saal und Orgel L: Q:		20.	2
d. 31t Decbr.	An den: Lichter im Lud: Ger: Hauß vor Drat zur Orgel L: Q:		6.	

Monath Jan: 1757.

		Rthl.	gg.	₰
d. 3t	An den: Berg im Lud: Ger: Hauß vor bier bezahlt vor die Schl…: Saal scheuern		8.	9
d. 28t	An den: Schäffer L: Q: vor die Orgel		16.	

M: May

		Rthl.	gg.	₰
d. 17t	An den: Förster bezahlt L: Q: vor Arbeit	1.	10.	
d. 18t	An den: Hoffmann im Lud: Ger: Hauß, vor den Orgelbauer Borge vor Kost während dem Aufsetzen, und an Tagelohn			
	vor die Bretter L: Q: — Rthl. 10. 11. 6			
	vor Leim — 8.			
	vor Nägel L: Q: — 7. 10. 2			
	vor Tischler Arbeit L: Q: — 48. 18.			
	vor einen Stab Füßen — 18.			
	vor Anstreichen an den Födrer L: — 10. 16. 8			
	vor Drechsler Arbeit L: Q: — 1. 18.			
		74.	4.	4
	Suma aller Außgaben biß den 18t May 1757. — Rthl.	125.	20.	2

<u>Anlage 1c</u>

Ausgabe vor die Alte Orgel selbige zu reparieren und im Saal aufsetzen zu lassen

1756

July

4	An Br. Hoffmann vor Leim	1.4.-
dto	Vor 2 Scheffel Calk zum Saalweißen	1.8.-
5.	Vor 4 SchaaftFelle	-.20.-
22.	Annoch vor 2 Stück dito	-.10.8
31.	An den Orgelbauer Sorge von Lobenstein vor seine Arbeit bezahlt	15.-.-
dito	an Br. Küntzel Bothenlohn	-.2.-
Aug		
19	Vor Br. Künzel vor Auslage vor den Orgelbauer vor Semmel und Brandwein	-.1.6
24	Vor Br. Förster vor Schlosser Arbeiten an der Orgel L.R.	2.17.-
31	An Br. Loßner vor Arbeit an der Orgel L.R.	2.5.9

(L.R. - laut Rechng.)

Sept

9	Annoch vor 2 Kübel Calk und Fuhrlohn nebst 2 Gr. Trankgeld an den ... bezahlt	1.-.-
28	An Br. Förster bezahlt L.R. vor Arbeit	-.12.-

Oktbr

2	An Mstr Maurern Nicol. Schmidt an Arbeitslohn im Gemein Haus L.R.	12.13.9
5	An Br. Elsaßer vor den Orgelmacher bezahlt L.R.	1.15.11
11	Vor Schmidt Arbeit an der Orgel im Led. Brr. Haus L.R.	2.1.4
16	An den Br. Loßner an Tag Lohn L.R.	2.7.-
	An die led. Schwestern vor Scheuren des Saal und Säalgen	4.4.-

48.2.11

Fernere Ausgaben

6	Novbr Vor Br. Vogel vor Taglohn an Saal und Orgel L.R.	-.20.2
31	Decbr An Br. Lichter ins Led. Brr. Hauß vor Drat zur Orgel L.R.	-. 6. -
	Monath Jan. 1757	
3	An Br. Brey ins Ledige Brr. Hauß vor Bier bezahlt vor die Schwest. beym Saalscheuren	-.8.9
23	An Br. Elsaßer L.R. vor die Orgel	-.16.-
	M. May	
17	An Br. Förster bezahlt L.R. vor Arbeit	1.10.-
18	An Br. Hoffmann ins Led. Brr. Hauß, Vor den OrgelbauerSorge vor Rost währenden Aufsetzen, und an Tag Lohn	

Vor die Brüder L.R....................10.11.6
Vor Stricke.................................-.8.-
Vor Nägel L.R............................1.10.9
Vor Tischler Arbeit L.R..............48.18.-
Vor einen Stabeyßen - .18.-
Vor Anstreichen an Br. Eydernach 10.16.8
Vor Drexler Arbeit L.R.................1 .18. -

======== 74.4.4

Summa aller Ausgaben biß den 18. May 1757 125.20.2

Anlage 2

Weil hinterläßt als seinen
Successorem die übrig gebliebenen fl 130. 5 xr
völlig damit die Leistung beysammen
bleibt und der [illegible] adam von
hieraus weiter besorgt werden kann.
u: wenn davon die gottlieb Wohlthat
noch fl 20 bis 30 — nöthig hätte
so könnten die ihnen auch gegeben
werden, denn es wäre der Absicht
der Stifter gemäß.

15) Die Orgel

Weil man mit dem gemein Hauß
Anfangs darauf antrug, darin auch
einen öffentlichen Lutherischen Gottes
dienst zu halten, wobey eine Orgel
etwas gewöhnliches wäre und auch
das singen in der Gemeine überhaupts könnte besser in Ordnung
gebracht werden weil wir da-
mahls überhaupts sehr schlecht
sangen, so wurde eine Orgel
in Gera bey dem Friederici bestellt
und dazu gute Register choisirt.
Die wurde durch einen Contract um
fl 6 VI. 12 xr bedungen, u: dazu
müßten fl 300 — im voraus
bezahlt werden. Wenn die wäre
hergestellt worden, so würde die
uns wohl mit Fuhr Lohn u: noch
andern Auslagen auf fl 800 —
u: noch drüber gekommen seyn.
In Gera wurde die Orgel auch würklich
ao 1747 fertig. Mann fand
aber jetzo vor gut die um folgende

Ursachen nicht kommen zu lassen
1) Weil noch so viel Geld drauf gieng
u: wir ohne dem daran großen
Mangel hatten
2) Weil die zu groß für eine Gemeine
sey.
3) Weil unser oberer lyturgischer Saal
auch die Blas Bälge so hinauf gelegt
werden müßten, wäre verdorben
worden.

Der Meister verkaufte nun nach die
Orgel anderst wohin nach Homburg
so will aber absolute, nach aller
mit ihm gepflogenen Unterhandlung,
von unsern vorgeschossenen fl 300 —
nicht mehr als fl 200 — wieder
zurück geben u: zwar von Instrumenten
die er nach Holland auf seinen
Risigo senden will u: der [?] [illegible]
verkaufen soll, oder aber 2
Claviere von Cont: C bis F mit
4 Registern und Futteralen, die
er bis nach Holland schaffen will
wir aber müßten die Fracht tragen.
Wir haben auf anrathen des Organist
Gera das letztere erwählt, weil
der Friedrici vortreffliche Arbeit macht
die in Holland sehr beliebt seyn, ~~wird~~
~~u: diese 2 Claviere wohl um fl 300~~
~~würden können verkauft werden.~~
Weiter war nicht zu bringen, außer
wir hätten klagen müssen, u: dazu
war keine Lust vor uns, würde
auch noch weniger heraus gekommen
seyn.

Anlage 3a

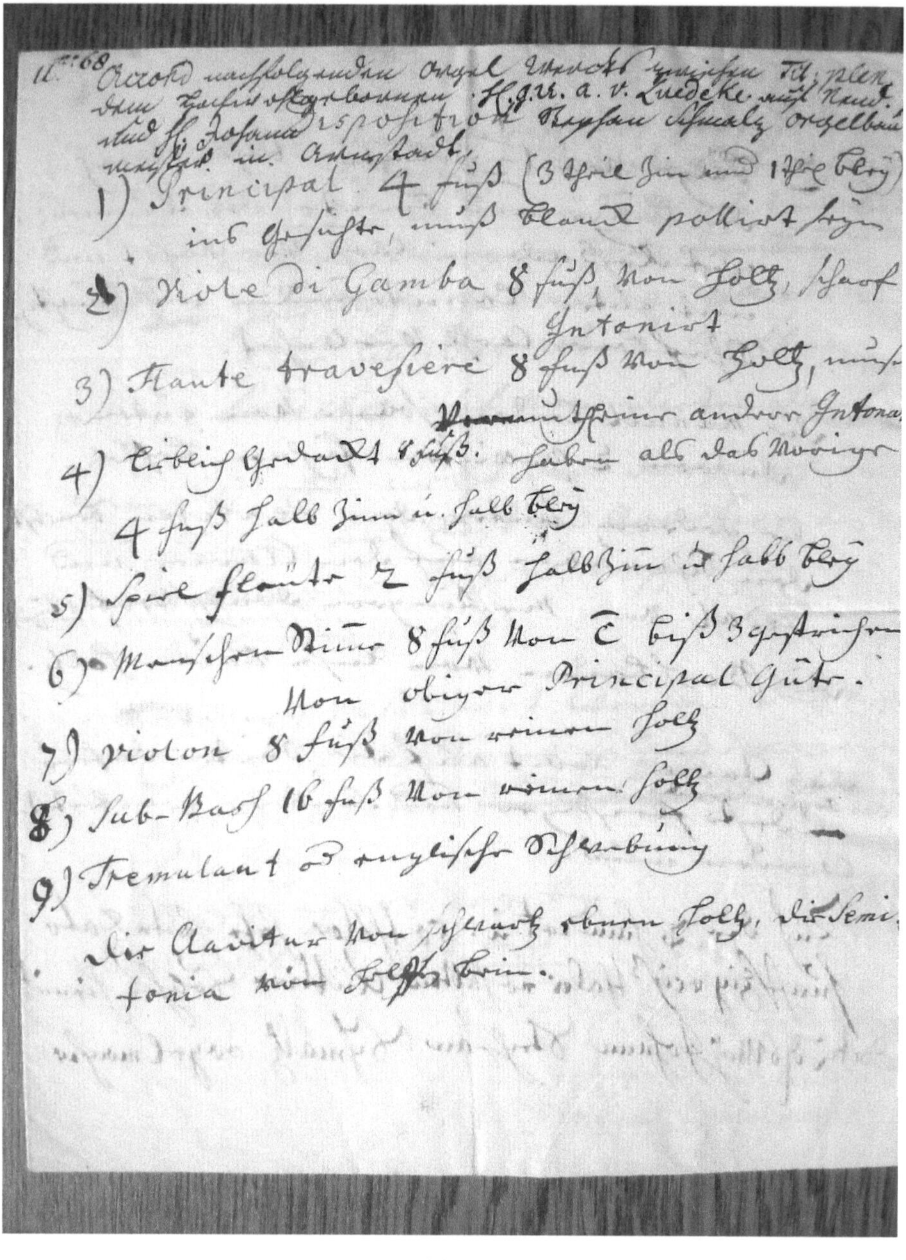
N:68 Accord nachfolgenden Orgel Wercks zwischen [illegible] dem Hochwohlgebornen H. J. W. a. v. Luedeke [illegible] und H. Johann [illegible] Schmalz Orgelbaumeister in Arnstadt.

1) Principal 4 fuß (3 Theil Zinn und 1 Theil bley) ins Gesichte, muß blanck polliert seyn

2) Viole di Gamba 8 fuß, von Holtz, scharf intoniert

3) Flaute traversiere 8 fuß von Holtz, muß mit einer andern Intonation haben als das vorige

4) Lieblich Gedackt 8 fuß.
4 fuß halb Zinn u. halb bley

5) Spiel flöte 2 fuß halb Zinn u. halb bley

6) Menschen Stimme 8 fuß von C biß 3 gestrichen von obigen Principal Gut.

7) violon 8 fuß von reinem holtz

8) Sub-Baß 16 fuß von reinem holtz

9) Tremulant od. englische Schwebung

die Claviatur von schwartz ebenen Holtz, die Semitonia von Elffenbein.

Anlage 3b

Accond nachfolgenden Orgel Wercks zwischen Til:plen dem hochwohlgeborenen Herrn G.U.A.v.Luedecke auf Neud., und Herrn Johann Stephan Schmaltz Orgelbaumeister in Arnstadt.

Disposition

1) Principal 4 Fuß (3 Theil Zinn und 1 Theil Bley) ins Gesichte, muß blanck polliert seyn
2) Viole di Gamba 8 Fuß, von Holtz, scharf intonirt
3) Flaute travesiere 8 Fuß von Holtz, muß vermutlich eine andere Getonart haben als
das vorige
4) Lieblich gedackt 8 Fuß.
4 Fuß halb Zinn und halb Bley.
5) Spielflaüte 2 Fuß halb Zinn und halb Bley
6) Menschenstimme 8 Fuß von c biß 3 gestrichen
von obiger Principal Güte.
7) Violon 8 Fuß von reinen Holtz
8) Sub-Bass 16 Fuß von reinen Holtz
9) Tremulant ad englische Schwebung

Die Clavitur von schwartz ebnen Holtz, die Semifonia von Elfenbein.

2 Bälge von 1 1/2 zölligten Bohlen nach der Länge und Breite des Raumes mit Roßadern wohl verwahrt und mit guter Leimträncken und tüchtig. Schafleder wohl verwahrt.

Die Manuel laden sollen von guten dürren 2 zolligten Fichtenbohlen, die Federn unter den Ventilen benebst den Schrauben auf dem Clavier und Pedal von meßingenen Drath verfertigt
Die Bassladen von Baum Holtz

Das Clavier kommt auf die Seite, dahero das Regier-Werck desto fleißiger und sauberer gearbeitet werden muß.

Auf die 2 Hundert und 50 Thaler habe heute Dato fünffzig weiß Thaler erhalten Qüttire solches hiermit
Datum d 6 May Johann Stephan Schmaltz orgelmacher

Alles das verspricht Herr Johann Stephan Schmaltz Privilegirter Orgel Baumeister in Arnstatt gut und tüchtig zu liefern, dagegen Ihn Hochwohlgebohrne Gnaden der Herr Günther Urban Anthon v. Ludicke auf Neudietendorf
250 rthl nebst den darhin grehörigen fuhren, und Kost und Quartier bei Setzung der Orgel, versprochen und accondirtt.
Solte noch resolvirt werden das tiefe Cis durch alle Stimmen so wohl als Pedaliter anzubringen, so wird für solches 20 rthl apart gegeben

Ebersdorf d 6. May 1760

(LS) Gunther Urban Anthon v. Luedeke auf Neudietend

Johann Stephan
Schmaltz Orgelmacher

Anlage 4

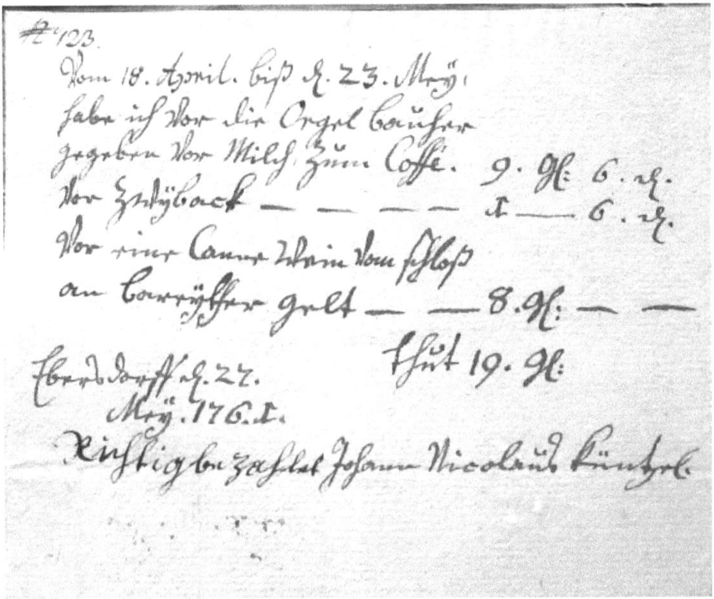
N° 123.
Vom 18. April. biß d. 23. May:
habe ich vor die Orgel bauher
gegeben vor Milch zum Coffé. 9. H: 6. d.
vor Zwiback — — — — 1 — 6. d.
vor einer Canne Wein vom schloß
an bairischer gelt — — 8. H: — —
Ebersdorff d. 27. thut 19. H:
May. 1761.
Richtig bezahlet Johann Nicolaus Küntzel.

Anlage 5

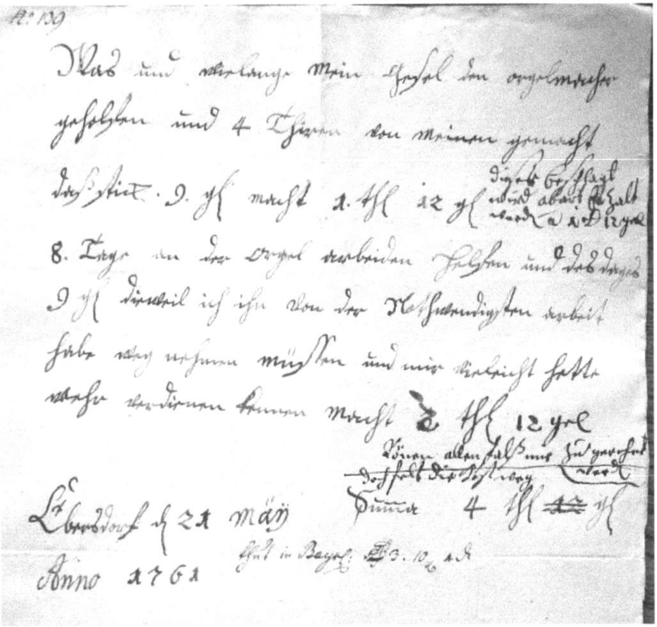
N° 129
Was und verlange mein Gesel den orgelmacher
geholfen und 4 Thüren von meinem gemacht
das Stück. 9. gl macht 1. thl 12 gl — diß ist bezahlt wird aber gezahlt werden a 1 thl 12 gl
8. Tage an der Orgel arbeiten helfen und des Tages
9 gl dieweil ich ihn von der nothwendigsten arbeit
habe weg nehmen müßen und mir vielleicht hätte
mehr verdienen können macht 3 thl 12 gl
Können allenfals mit 2 thl gut gemacht werden
~~doch solt dies....~~
Summa 4 thl ~~12~~ gl
Ebersdorf d 21 Mäy
Anno 1761 thut in Bayer: fl 3. 10 1/2 xr

Anlage 6

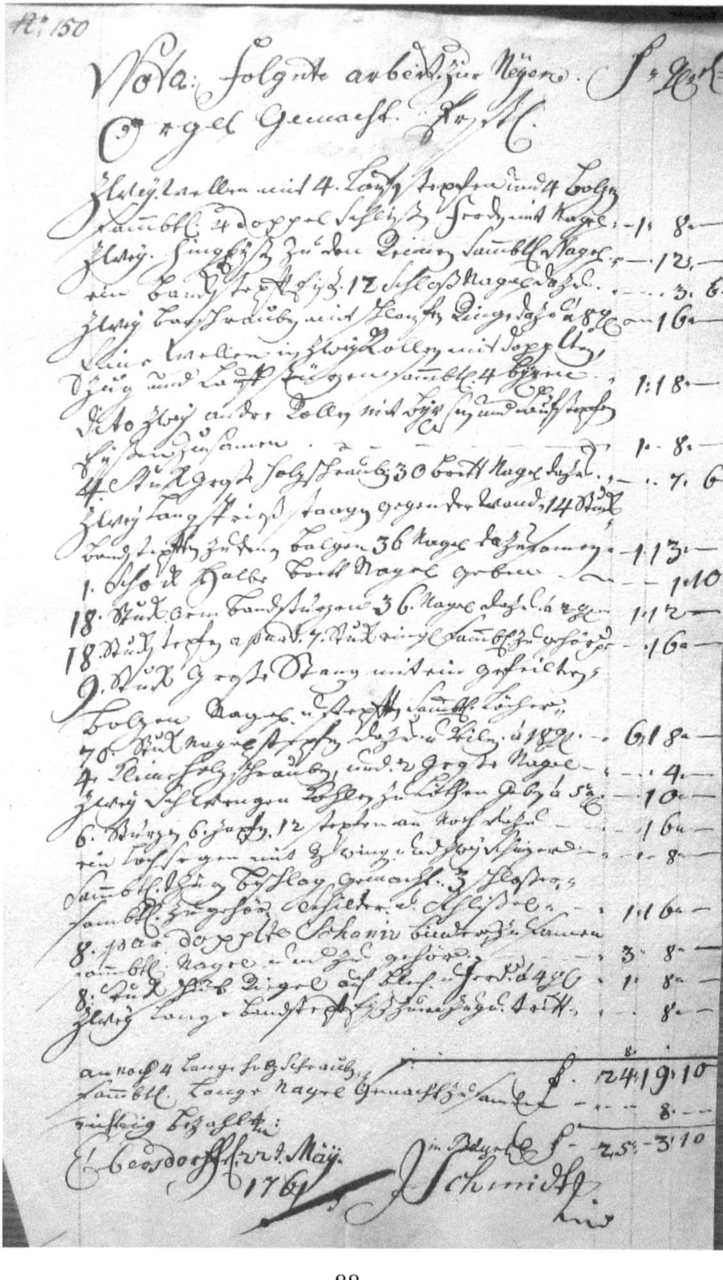
N: 150

Nota: folgende arbeit zur Neüen Orgel Gemacht.

[illegible] 1. 8.
[illegible] 12.
[illegible] 3. 6
[illegible] 16.
[illegible] 1. 18.
[illegible] 1. 8.
[illegible] 7. 6
[illegible] 1. 13.
[illegible] 1. 10
[illegible] 1. 12
[illegible] 16.
[illegible] 6. 18.
[illegible] 4.
[illegible] 10.
[illegible] 16.
[illegible] 1. 8.
[illegible] 1. 16.
[illegible] 3. 8.
[illegible] 1. 8.
[illegible] 8.

[illegible] 24. 19. 10
[illegible] 8.
[illegible] 25. 3. 10

Ebersdorff den 21. Mäÿ 1761 [illegible] Schmidt

<u>Anlage 7a</u>

Auf Begehren einer Hochlöblichen Brüder-Gemeine habe diejenigen Defecte, welche sich an dem dasigen Orgelwerck befinden, nach Gewissen aufsetzen sollen und wie denselben auf eine tüchtige Art könte geholfen werden.

1/ ist gegenwärtige Manual-Windlade, nach der darauf befindlichen Disposition viel zu klein, und sticht durch das ganze Clavier durch, daß es gar nicht zu erhalten stehet, und ist höchst nöthig, daß man eine ganz neue Windlade in das Manual, vom besten ausgetrockneten Eichenholz nach mathematischer Proportion verfertige, und auf 8 Register anlege; damit noch ein Register mit der Zeit könne eingesetzt werden.

2./ wird gedachte Windlade nach der neuesten Art verfertiget, auf das allerdauerhafteste eingerichtet, so daß man alle Ventille heraus nehmen ~~kan~~, und auch in der Kürze wieder hinein thun kan. Auch sollen alle Federn, Stifte, Ösgen und Schlingeln vom besten Messing drath verfertiget werden.

3/ Solle alles Pfeiffen-Werk, so viel nur die Möglichkeit erlaubt, in Ansprach und Reinigkeit gebracht werden, und ihre Stellung bekommen, daß keine die andere berühre und den Ansprach verhindere.

4./ werden die Bässe auf dergleichen Art auch wiederum nach Möglichkeit in Ansprach gebracht, und was an denselben nöthig ist, in einen guten Stand gesetzet, daß man könne zufrieden seyn.

5./ was an den Blaßbälgen und Canälen von falschem Wind vergehet, wird gleichfals auf das beste verleimet und zusammen gefaßt, damit nicht der geringste Abgang gehöret werden soll.

6./ müssen neue Wellen-Bretter sowohl in dem Manual wie auch Pedal gemacht werden, weilen die neue Windlade ganz andere und weitere Theilung bekommt, und kan auch das Clavier mit Bezahlung 6 Rth. neue angelegt werden, so es denenselben beliebt.

7/ Stehe ich vor alle Materialien, Logis, Kost und Lieferung der Arbeit, wogegen die alte Windlade zurück
gratis erhalte, und so es möglich seyn will, diesen
Herbst herstellen werde.

Für obengemeldte Arbeit, Materialien und Lieferung
ist meine allernächste Forderung 130 Rth. schreibe Ein
Hundert und dreyssig Reichsthaler ~~hiesigen Courent-
geldes~~, den Louis d'or à 5 Rth. ~~10 gr.~~ nebst einem
Ducaten Leykauf. Die Zahlung wird also geleistet;

30 Rth. anjetzo zur Angabe der Materialien.
40 Rth. wenn die Arbeit geliefert wird, und noch
60 Rth. wenn die Arbeit vollkommen gut und tüchtig
gemacht worden ist.

Ebersdorf am 6ten April. Georg Ernst Wiegleb
1774. Orgelbauer,

Dreyßig Thaler als die angabe des geschlossenen
accord, sind mir heute unterschriebenen, wohl und
richtig bezahlet worden, über welchen Empfang
hiermit bescheine Ebersdorf den 6t April
1774. Georg Ernst Wiegleb.

Obiger accord ist mir heute unterschriebenen
wohl und richtig bezahlet worden über welchen Empfang
hiermit gehorsamst quittiere, Ebersdorf den 8 ten
1775 Georg Ernst Wiegleb Orgelbauer,

Anlage 7b

Gutachten Wiegleb über die Orgel 6. April 1774

Auf Begehren einer Hochlöblichen Brüdergemeine habe ich diejenigen Defecte, welche sich an dem dasigen Orgelwerk befinden, nach Gewissen aufsetzen sollen und wie denselben auf eine tüchtige Art könnte geholfen werden.
1.) ist gegenwärtige Manual-Windlade nach der darauf befindlichen Disposition viel zu klein, und sticht durch das ganze Clavier durch, daß es gar nicht zu redulten stehet, und ist höchst nötig, daß man eine ganz neue Windlade in das Manual, vom besten auserlesensten Eichenholz nach mathematischer Proportion verfertige, und auch 8 Register anlege, damit noch ein Register könne mit der Zeit eingesetzt werden.
2.) wird gedachte Windlade nach der neuesten Art verfertiget, auf das allerdauerhafteste eingerichtet, so daß man alle Vertille herausnehmen und auch in der Kürze wieder hinein thun kann. Auch sollen alle Federn, Stifte Ößgen und Schlingelein vom besten Meßing drahte verfertigt werden.
3) Solle alles Pfeiffen-Werk, so viel nur die Möglichkeit erlaubt, in Anspruch und Reinigkeit gebracht werden, und ihre Stellung bekommen daß keine die andren berühre und den Anspruch verhindere.
4.) werden die Bässe auf dergleichen Art auch wiederum nach Möglichkeit in Anspruch gebracht, und was an denselben nötig ist, in einen guten Stand gesetzet, daß man könne zufrieden seyn.
5.) was von den Blasebälgen und Canälen von falschem Wind weggeht, wird gleichfals auf das beste verleimet und zusammengefaßt. Damit nicht der geringste Abgang gehört werden soll.
6.) müssen neue Wellenbretter sowohl in dem Manual wie auch Pedal gemacht werden; weilen die neue Windlade ganz andere und weitere Theilung bekommt, und kann auch das Clavier mit Bezahlung 6 Rth voene angelegt werden, so es denenselben bleibet.
7) Stehe ich vor alle Materialien, Logis, Kost und Lieferung der Arbeit, wogegen die alte Windlade zurück gratis erhalte, und so es möglich seyn will, diesen Herbst herstellen werde

Für oben gemeldte Arbeit, Materialien und Lieferung ist meine allernächste Forderung 130 Rth. schreibe Einhundert und dreyßig Reichsthaler, den Louisdor a 5 Rth. nebst einem Ducaten Leyhkauf. Die Zahlung wird also geleistet:
30 Rth. anjetzo zur Angabe der Materialien
40 Rth. wenn die Arbeit geliefert wird, und endlich
60 Rth. wenn die Arbeit vollkommen gut und tüchtig gemacht worden ist.

Ebersdorf am 6tenApril 1774
Georg Ernst Wiegleb Orgelbauer

Dreyßig Tahler als die Angabe des geschlosenen accord sind mir Endes unterschrieben wohl und richtig bezahlet worden, über welchen Empfang hiermit bescheine   Ebersdorff d 6t April 1774 Georg Ernst Wiegleb

Obiger Accord ist mir Endesunterschriebenen wohl und richtig bezahlet worden über welchen Empfang hier mit gehorsamst quittire, Ebersdorf d 8 Febr 1775
Georg Ernst Wiegleb Orgelbauer

Anlage 8

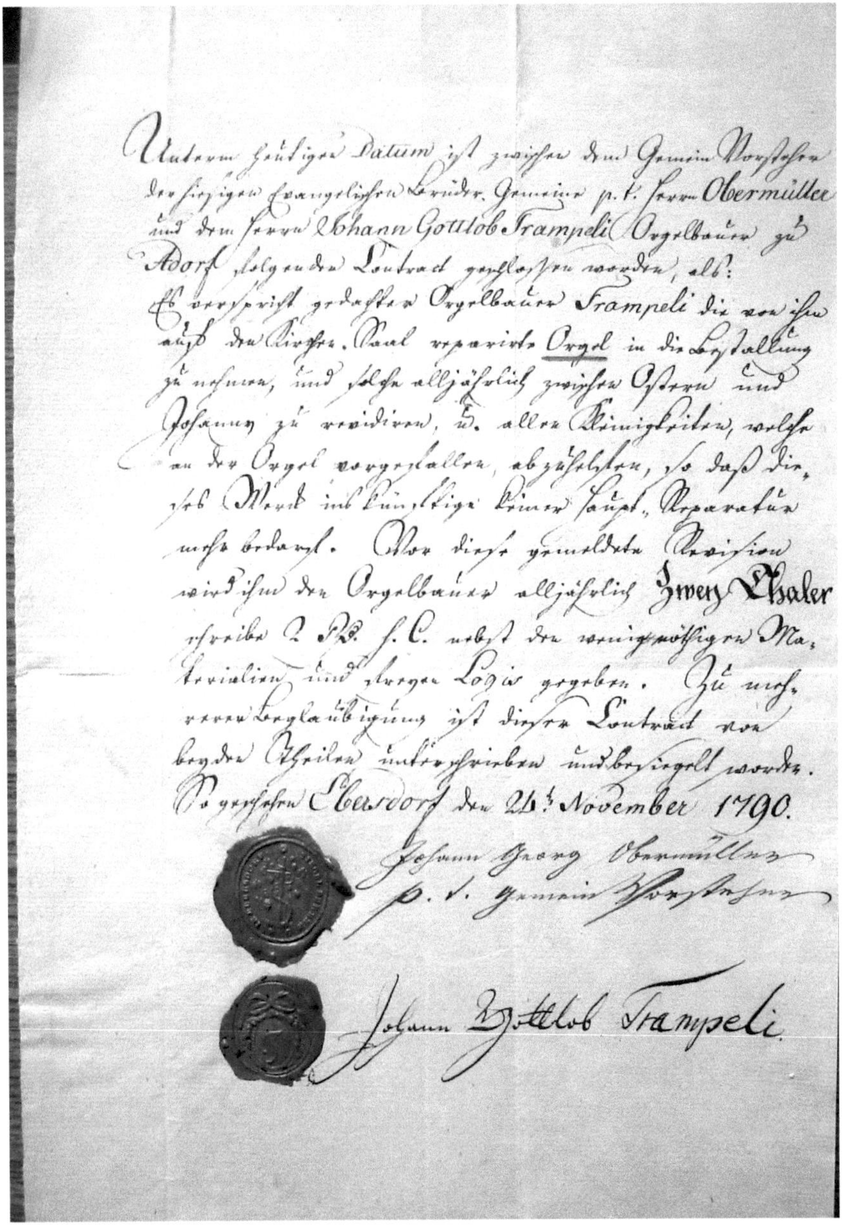

Unterm heutigen Dato ist zwischen dem Gemein Vorsteher der hiesigen Evangelischen Brüder Gemeine p.t. Herrn Obermüller und dem Herrn Johann Gottlob Trampeli Orgelbauer zu Adorf folgender Contract geschlossen worden, als:

Es verspricht gedachter Orgelbauer Trampeli die von ihm auf der Kirche Saal reparirte Orgel in die Bestallung zu nehmen, und solche alljährlich zwischen Ostern und Johanny zu revidiren, u. allen Unreinigkeiten, welche an der Orgel vorgefallen, abzuhelfen, so daß dieses Werk ins künftige keiner haupt Reparatur mehr bedarf. Vor diese gemeldete Revision wird ihm dem Orgelbauer alljährlich Zwey Thaler schreibe 2 Rt. p.C. nebst den benöthigten Materialien und freyen Logis gegeben. Zu mehrerer Beglaubigung ist dieser Contract von beyden Theilen unterschrieben und besiegelt worden.

So geschehen Ebersdorf den 24t November 1790.

Johann Georg Obermüller
p.t. Gemein Vorsteher

Johann Gottlob Trampeli

Anlage 9

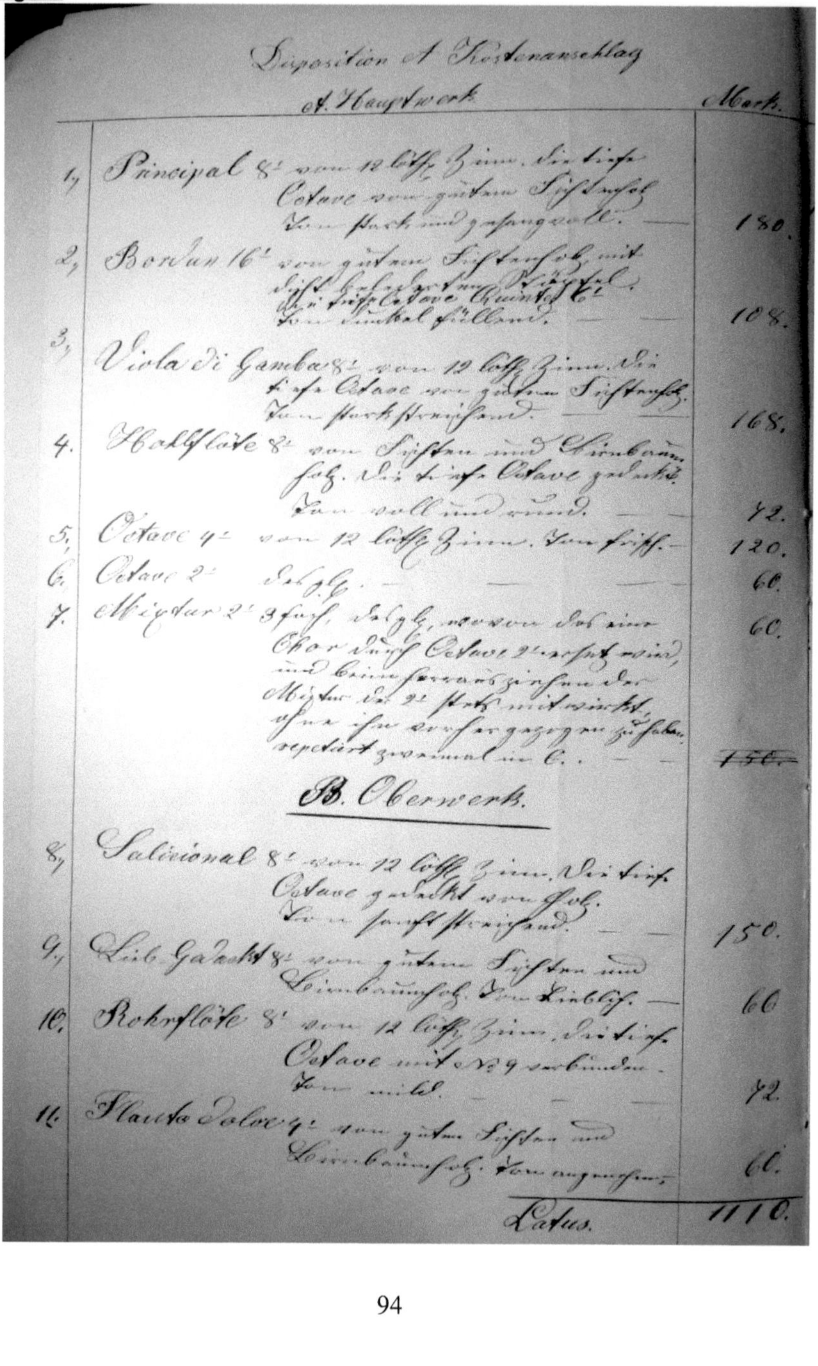

Disposition u. Kostenanschlag

	A. Hauptwerk	Mark.
1,	Principal 8' von 12 löth. Zinn, die tiefe Octave von gutem Fichtenholz, Ton stark und gesangvoll. —	180.
2,	Bordun 16' von gutem Fichtenholz mit dicht beledertem Stöpsel, die tiefe Octave Quinte 16', Ton dunkel füllend. —	108.
3,	Viola di Gamba 8' von 12 löth. Zinn, die tiefe Octave von gutem Fichtenholz, Ton stark streichend. —	168.
4.	Hohlflöte 8' von Fichten und Birnbaumholz. Die tiefe Octave gedeckt. Ton voll und rund. —	72.
5,	Octave 4' von 12 löth. Zinn. Ton frisch. —	120.
6,	Octave 2' dsgl. —	60.
7.	Mixtur 2' 3fach, dsgl., wovon der eine Chor durch Octave 2' ersetzt wird, und beim Herausziehen der Mixtur der 2' stets mitwirkt, ohne ihn vorher gezogen zu haben, repetirt zweimal in C. —	60. ~~150.~~
	B. Oberwerk.	
8,	Salicional 8' von 12 löth. Zinn, die tiefe Octave gedeckt von Holz. Ton sanft streichend. —	150.
9,	Lieb. Gedackt 8' von gutem Fichten und Birnbaumholz. Ton lieblich. —	60
10,	Rohrflöte 8' von 12 löth. Zinn, die tiefe Octave mit No 9 verbunden. Ton mild. —	72.
11.	Flauto dolce 4' von gutem Fichten und Birnbaumholz. Ton angenehm.	60.
	Latus.	1110.

Disposition und Kostenanschlag

			Mark
		Transport	1110.
	C. Pedal		
12.	Subbaß 16'	wird aus der alten Orgel beibehalten, stärker intoniert und repariert.	30
13	Violonbaß 8'	wird ebenfalls beibehalten, und repariert.	30
14.	Octavenbaß 8'	ganz neu, indem die beiden alten Bässe etwas schwach sind, von gutem Fichtenholz.	84.
		Sämtliche Vorschläge der Holzpfeifen werden aufgeschraubt.	
	D. Nebenzüge		
15.	M. Coppel	wird über der Klaviatur angebracht, zum bequemen Halten desselben.	30
16.	Ped. Coppel	mit eigenen Ventilen. Sämtlich während des Spielens zum An- und Abcoppeln.	30
	Calcantenzug	wird unter der Klaviatur angebracht.	3.
	Nähere Bestandtheile		
1,	Fünf neue Windladen zu 19 Kanzellen müssen angefertigt werden. Die Rahmen, Schleifen, Dämme und Windstöcke werden von gutem Eichenholz, alles andere von gutem Kiefernholz. Die Ventile werden von gespaltenem Fichtenholz und zweimal beledert. Die Ventilfedern sowie alle Angehänge werden aus Messingdraht hergestellt. Anstatt der Windstöckchen werden Messingplättchen angewandt.		390.
2,	Die Mechanick besteht aus [illegible]wellen und Winkel. Die Achsen der Wellen laufen in gutem [illegible]leder.		
		Latus	1707.

Nähere Bestandtheile

		Mark
	Transport	170[illegible]
2.	Die Füße der Abstrakten werden mit Band [illegible], um das [illegible] zu verhindern. Die Anlage muß so sein, daß man zu jedem einzelnen Gliede leicht gelangen kann. An den Klaviaturen werden Stellschrauben angebracht, zum reguliren derselben. Überhaupt muß sich selbige leicht bewegen. — — —	150.
3.	Die Registratur muß stark und dauerhaft angelegt werden, damit keine Hemmung stattfindet. Die Registerknöpfe, welche die Namen der Register tragen, werden von Hartenholz schwarz polirt, und mit Porzellanplatten versehen.	46.
4.	Ein neuer Magazinbalg 2 Meter lang 1 Meter breit mit doppelten Falten und zwei Pumpen versehen. Die Rahmen werden aus 2zölligen Brettern, die Falten und Füllungen aus [illegible]zölligen Brettern gefertigt. Die [illegible] geschieht in der Entfernung von 15 Cm. und einer dreifachen guten Belederung. Die Pumpen werden zum Treten eingerichtet. — —	210.
5.	Das alte Gehäuse wird beibehalten.	
6.	Die Prospektpfeifen bleiben stumm und werden neu polirt. — — —	
7.	Die Windkanäle werden so weit construirt daß beim vollen Spielen kein [illegible] entsteht. Inwendig werden selbige gut beledert und mit Leim und Bolus zweimal ausgestrichen. — — —	30
8.	Zwei neue Manual-Claviaturen von [illegible]holz. Die Untertasten werden mit geschnittenen Knochen belegt, und die Obertasten mit weiß schwarz Ebenholz. Die [illegible] von [illegible]. Die Tasten dürfen nicht zu [illegible]. Der Umfang beträgt von C bis f''' 64 Tasten. Die Rahmen und Vorsatzbretter werden mit [illegible] fournirt und polirt. —	30 60.
	Latus	2283

Nähere Bestandtheile

		Mark.
	Transport	2283.
9.	Eine neue Pedalclaviatur von Eichenholz, mit guter Polsterung. Umfang C bis d 27 Tasten.	18.
10.	Ein neuer verschließbarer Spieltisch von feinem Fichtenholz, welcher so eingerichtet wird, daß man zu den Mechaniktheilen leicht gelangen kann.	30.
11.	Für Lagerholz der Windladen und Bälge, sowie Befestigungsleisten der Pfeifen und Fußböden und Treppen, mit Aufstellen sämmtlicher Pfeifen.	72.
12.	Für Intonation und Stimmung des Werks im Berliner Cammerton.	60.
13.	Für Transport der Orgeltheile bis an Ort und Stelle.	63.
14.	Für Kost et Logis während des Aufbaues in der Kirche.	72.
15	Für Balgtreter und Tastenhalter während des Stimmens.	18.
16.	Für Schlosser und Schmiedearbeit.	15.
	Suma	Mark. 2631.

Bemerkung

Für die Güte der Orgel übernehme ich eine Garantie v. 10 Jahren, wo ich alle mir zur Last fallenden Fehler während dieser Zeit unentgeltlich wieder herstellen, mit Ausnahme einer jährlichen Stimmung für ein geringes Honorar. — ein Thaler

Das Metall der alten Orgel übernehme ich das Pfund zu 30 Pfennige. Die Fertigstellung geschieht nach ½ Jahr v. Contractabschluß.

Stadtilm d. 15 August 1876.

Ad. Eifert
Orgelbauer

Anlage 10

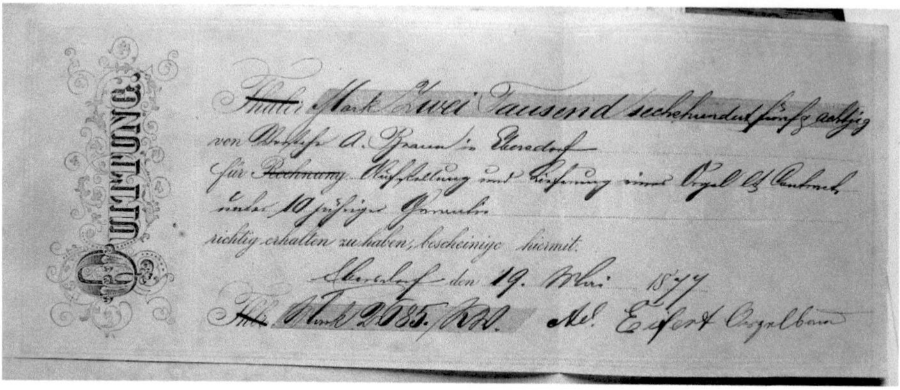
Quittung

~~Thaler~~ Mark Zwei Tausend [illegible] achtzig

von [illegible] A. Braun in Ebersdorf

für ~~Rechnung~~ Aufstellung und Lieferung einer Orgel [illegible]

unter 10 jähriger Garantie

richtig erhalten zu haben, bescheinige hiermit.

Ebersdorf den 19. Mai 1877

~~Thl.~~ Mark 2085. [illegible] Ad. Eifert Orgelbauer

Anlage 11

448

Opus 2361.

Brüdergemeinde — Ebersdorf.

eingetragen a/. 21. 5. 32.

Bestellt : lt. Schr. v. 17. 5. 32.

Lieferbar : bis ~~Ende~~ 23. Juli fertig aufgestellt

Abgeliefert: 22. 7. 32

Umbau der Orgel mit 15 Registern auf 2 Manualen und Pedal.

			alte Pfeifen	Holz	Zink	40% Zinn	75% Zinn	Zus.
W	I. Manual, auf C - g''' = 56 Tasten erweitert. C und g''' = 2 Töne neu.							
18	T 1. Bordun 16'		54	1	–	1	–	56
12	Mf 2. Principal 8'	Prospektpfeifen neu	[illegible]	–	2	–	–	56
9	T 3. Gamba 8'		54	–	–	–	2	56
3	Mf 4. Rohrflöte 8'		54	1	–	–	1	56
8	Mf 5. Hohlflöte 4'		42	1	–	–	13	56
13	Mf 6. Quinte 2 2/3'	alte Waldflöte 4'	48	–	–	–	8	56
16	T 7. Mixtur 2' 3fach		neu	–	–	–	168	168

II. Manual, auf C - g''' = 56 Tasten erweitert.

Schweller neu; C und g''' = 2 Töne neu.

5 Register bis g'''' = 68 Töne neu.

Registrierhilfen.

1. Handregisterwippen

2. Tutti

3. Mezzoforte

4. Auslöser 2 + 3

5. Crescendo - Walze

6. Aut. Pedalumschaltung II

7. Schweller II

8. Crescendozeiger

9. Windzeiger.

Übrige Teile und Leistungen.

1. Gerüstwerk — in solider Ausführung, der Anlage des Werkes entsprechend, neu.

2. Gebläse. — Die 2 alten Froschmäuler werden wiederverwendet.

Gebl.-# 1398 — Hierzu: 1 Walcker'sches Orgelgebläse „Aeolus" mit Drehstrommotor (3 Phasen), 220/380 Volt, 50 Perioden, neu.

3. Kanäle — mit reichlichem Querschnitt, sorgfältig innen und außen mit Papier, die Fugen und Ecken ausserdem mit Leder abgedichtet, neu.

4. Windladen — nach unserem bestbewährten pneumatischen System, neu.

5. Traktur — in präzisester Ausführung nach unserem pneumatischen System, neu.

6. Spieltisch — nach unserem pneumatischen System mit 2 Manualen und Pedal, alle in der Disposition angeführten Register, Spiel- und Registrierhilfen enthaltend, neu.

Tasten im Gehäuse

Hierzu: 1 Sitzbank und
1 verstellbares Notenpult, neu.

7. Schwellkasten — für das II. Manual mit senkrecht stehenden, dicht schließenden Jalousien, neu.
Zugleich Seitengehäuse.

8. a. Abbruch und
8. b. Aufstellung — des ganzen Werkes durch unsere Monteure.

9. Intonation — sämtlicher Register in künstlerisch vollendeter Weise, dem Charakter der Stimmen, dem alten Pfeifenmaterial und dem Umfang der Disposition bestens angepaßt.

10. Stimmung — der Orgel ca 1/2 Ton tiefer als seither.

11. Verpackung — aller Orgelteile.

12. Prospektpfeifen — in alum.-bronc. Zink mit Kasten + Stöcken.